생각의 나이테

- 한자어원과 리리고필드 어휘력을 키우는 한자 학습
- 부수와 간체자, 중국어 발음표기로 한자 학습 기초 다지기
- 인터넷 동영상을 통한 자기 주도적 학습

초등한자

5 단계

AIHC 한자교육평가원

일러두기

Play 스토어에서 QR Droid Private을 설치하신 후 위의 QR코드를 스캔해 보세요. 글샘교육의 다양한 무료컨텐츠를 만나보실 수 있습니다.

양질의 토양위에 뿌리와 줄기와 꽃, 잎, 열매로 구성된 한그루의 튼실한 나무처럼 한자공부의 밑거름이 되어 줄 알차고 튼튼한 구성을 알아봅시다.

이야기로 배우는 한자

'착한 선비와 불량 선비', '참회의 눈물' 이야기를 읽어가면서 생각을 키우고 한자를 자연스럽게 익힐 수 있도록 하였습니다.

새로 배우는 한자와 이미 배운 한자

- 소단원에서 배우게 되는 새로운 한자와 음훈을 한 눈에 볼 수 있습니다.
- 이미 배운 한자는 앞 단계에서 배운 한자와 음훈을 수록하였습니다.

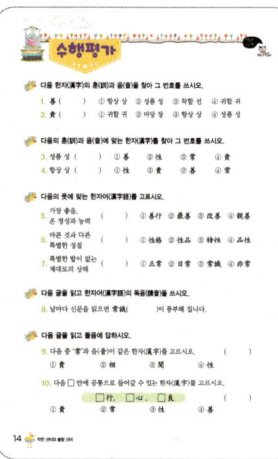
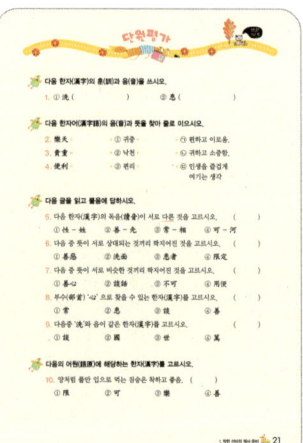

수행평가

각 소단위 학습을 마친 후 문제를 풀어 봄으로써 학습의 성취도를 알 수 있도록 하였습니다.

단원평가

단원 학습을 마친 후 다양한 문제 풀이를 해 봄으로써 배운 내용들을 꼼꼼히 정리하고 이해를 다질 수 있게 하였습니다.

생각 키우기

어휘의 신장과 사고력을 높이기 위하여 놀이마당에서는 여러 형태의 놀이를 제시하고 만화로 엮은 사자성어로 재미있게 읽을거리를 마련하였습니다.

① 한자 기본 익히기
한자 공부의 기본인 훈음, 부수, 총획수 이외에도 중국에서 사용하는 간체자와 발음(병음)을 표기하여 좀 더 깊이 있고 다양한 지식 습득이 가능하게 하였습니다.

② 한자 삽화
삽화를 보며 한자의 원리를 생각할 수 있게 하였습니다.

③ 한자 용례
초등학교 교과서에서 가장 많이 활용 하는 단어를 중심으로 용례를 제시하여 한자의 의미를 더 친숙하게 기억하고 독서논술에 활용할 수 있도록 하였습니다.

④ 한자 어원
한자가 만들어지게 된 과정을 설명하고 그림으로 보여줌으로서 한자에 대해 쉽게 이해하고 기초 지식을 튼튼히 할 수 있도록 하였습니다.

⑤ 활용 문장
한자의 활용을 통해 한자의 다양한 쓰임과 한자어의 의미를 자연스럽게 익혀 독서논술에 활용할 수 있도록 하였습니다.

⑥ 한자 쓰기
새로 배운 한자를 필순에 따라 쓸 수 있도록 하였습니다.

본 교재는 어린이들이 좋아하는 옛날이야기 중에서 孝(효)와 禮(예)와 관련된 것을 초등학교 교육용 한자를 바탕으로 재구성하였다. 이는 한자 공부에 대한 학습 흥미를 가지고 접근하도록 하는 한편, 이야기에 나오는 한자·한자어·한자 어구를 익혀, 일상 언어생활을 풍부하게 하며 더 나아가서 자신의 의견이나 생각을 논리적으로 표현할 수 있는 논술력의 바탕을 기르고자 함에 있다. 또한 이야기를 통하여 인성 교육의 바탕이 되는 孝(효)와 禮(예)의 근본정신을 가르치고자 한다.

1) 孝(효)와 禮(예)와 관련된 옛날이야기를 읽기와 동영상을 통하여 한자에 흥미를 갖도록 한다.
2) 이야기와 관련된 한자 및 한자어의 음과 훈을 바르게 읽고 쓸 수 있다.
3) 한자어의 뜻을 알고 사용 용례의 공부를 통하여 풍부한 어휘력과 문장력을 기른다.
4) 간단한 간체자 및 한자의 중국어 발음을 통하여 세계화 시대의 다양한 학습 경험을 접한다.
5) 수행평가 및 단원 평가를 해결하는 과정에서 자기 주도적 학습력을 기른다.
6) 만화 사자성어를 통하여 한자 어구에 대한 간결명료한 표현 방법을 배우고 활용할 수 있다.
7) 재미있고 다양한 한자 게임을 통하여 배운 한자를 심화 학습한다.

	1 단계	2 단계	3 단계	4 단계	5 단계	6 단계
내용	• 재구성된 옛날이야기에 나오는 한자의 뜻을 이해하고, 한자 공부에 대한 학습에 흥미를 갖도록 한다. • 단원별 이야기에 나오는 한자의 음과 훈을 알고 필순에 맞게 쓰도록 한다. • 한자어의 뜻을 바르게 이해하고 활용 사례를 익힌다. • 한자의 간체자를 써 보고 중국어로 발음하여 본다. • 단원별 이야기를 읽고 나의 생활 경험에 비추어 반성하여 본다.					
주안점	• 이야기 관련 한자어 및 한자를 배우고 바르게 사용하기 • 이야기와 관련하여 느낀 점을 친구들과 말하여 보고 나의 생활 반성하기					
	음과 훈 읽기	음과 훈을 읽고 필순에 맞게 따라 쓰기		음과 훈을 읽고 필순에 맞게 외워 쓰기		한자로 문장 만들기

	1 단계	2 단계	3 단계		4 단계		5 단계		6 단계	
시간수	30	30	3-1	15	4-1	15	5-1	**15**	6-1	15
			3-2	15	4-2	15	5-2	**15**	6-2	15
새로 배운 한자수	60	60	3-1	60	4-1	60	5-1	**60**	6-1	60
			3-2	60	4-2	60	5-2	**60**	6-2	60
새로 배운 한자누계	60	120	240		360		**480**		600	

5단계 1

QR 코드를 찍어서 신나는 한자 노래를 만나보아요

1 貴 귀할 귀	2 性 성품 성	3 善 착할 선	4 常 항상 상	5 便 편할 편
6 可 옳을 가	7 姓 성 성	8 限 한정할 한	9 患 근심 환	10 洗 씻을 세
11 談 말씀 담	12 樂 풍류 악, 좋아할 요, 즐거울 락	13 觀 볼 관	14 察 살필 찰	15 告 알릴 고
16 富 부유할 부	17 報 갚을, 알릴 보	18 貧 가난할 빈	19 等 등급 등	20 數 셀 수
21 失 잃을 실	22 滿 가득할 만	23 根 뿌리 근	24 竹 대나무 죽	25 閉 닫을 폐
26 韓 나라이름 한	27 半 반 반	28 島 섬 도	29 極 다할 극	30 財 재물 재

초등한자 5단계 1

31	往	갈 왕
32	益	더할 익
33	喜	기쁠 희
34	怒	성낼 로(노)
35	友	벗 우
36	改	고칠 개
37	求	구할 구
38	悲	슬플 비
39	快	상쾌할 쾌
40	能	능할 능
41	賣	팔 매
42	買	살 매
43	良	좋을 량(양)
44	絶	끊을 절
45	得	얻을 득
46	製	지을 제
47	造	지을 조
48	完	완전할 완
49	度	법도 도, 헤아릴 탁
50	比	견줄 비
51	浴	목욕할 욕
52	客	손님 객
53	收	거둘 수
54	呼	부를 호
55	創	시작할 창
56	固	굳을 고
57	經	경서 경
58	質	바탕 질
59	效	효험 효
60	統	거느릴 통

생각이 나이테! 초등한자

5-2 단계

QR 코드를 찍어서 신나는 한자 노래를 만나보아요

1. 誠  정성 성	2. 基  터 기	3. 訓  가르칠 훈	4. 每  매양 매	5. 害  해로울 해
6. 然 그러할 연	7. 景 경치 경	8. 興  일어날 흥	9. 讀 읽을 독, 구절 두	10. 適 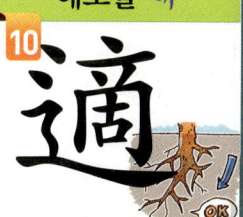 맞을 적
11. 章  글 장	12. 素  바탕, 흴 소	13. 視  볼 시	14. 指  가리킬 지	15. 禁  금할 금
16. 止  그칠 지	17. 宿  잘 숙	18. 題  제목 제	19. 順  순할 순	20. 序  차례 서
21. 課  부과할, 과목 과	22. 議  의논할 의	23. 論  논의할 론(논)	24. 取  취할 취	25. 昨  어제 작
26. 調  조사할 조	27. 保  보전할 보	28. 存  있을 존	29. 藥  약 약	30. 注  물댈 주

5 단계 **2**

QR 코드를 찍어서 신나는 한자 노래를 만나보아요

31 再	32 考	33 步	34 設	35 達
다시 재	상고할 고	걸음 보	세울 설	이를 달
36 屋	37 寺	38 畵	39 病	40 醫
집 옥	절 사	그림 화, 그을 획	병들 병	의원 의
41 苦	42 私	43 科	44 發	45 建
괴로울 고	사사로울 사	과정 과	필 발	세울 건
46 物	47 使	48 者	49 齒	50 此
만물 물	부릴 사	놈, 사람 자	이 치	이 차
51 陸	52 都	53 移	54 算	55 落
뭍 륙(육)	도읍 도	옮길 이	셈할 산	떨어질 락(낙)
56 葉	57 永	58 故	59 起	60 勉
잎 엽	길 영	옛, 연고 고	일어날 기	힘쓸 면

5-1 단계

착한 선비와 불량 선비

1. 착한 선비의 제사 준비 — 10
2. 정성을 다한 착한 선비 — 24
3. 불량 선비의 하루 — 38
4. 불량 선비의 제사 — 52

공주님의 생일잔치 — 66

- 214字 부수(部首) 일람표 — 149
- 수행평가 및 단원평가 정답 — 152
- 한자색인목록 — 154
- 사자성어, 반의어, 동의어, 동음이의어 — 156
- 판별지 — 158

1 착한 선비의 제사 준비

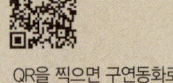
QR을 찍으면 구연동화로 재생 됩니다.

- '착한 선비' 이야기와 관련한 한자를 공부해 봅시다.
- 내가 만일 착한 선비라면 어떻게 할지 생각하여 봅시다.

옛날에 집안 살림은 가난하였지만 **貴**(귀)하고 품위 있는 선비가 있었습니다.

선비는 성품도 인자하고 학식도 풍부하였지만 변변한 벼슬자리에 오르지 못하였습니다. 착하고 부지런한 **성품[性**(성)**]**을 지닌 부인이 **最善**(최선)을 다하여 노력하였지만 생활은 **항상[常**(상)**]** 가난하였습니다.

최선 : 가장 좋음. 온 정성과 노력

매년마다 돌아오는 선친의 제삿날이 다가왔습니다. 선비는 마음이 **便安**(편안)하지 않았습니다.

편안 : 몸과 마음이 편하고 좋음

이리저리 제수용품 살 돈을 마련하려고 노력하였지만 **可望**(가망)이 없었습니다. 대대로

가망 : 바라는 대로 이루어질 수 있는 희망

이름있는 **姓**(성)씨 집안 체면에 장사를 할 수도 없고, 그렇다고 남의 집에 가서 품을 팔 수도 없었습니다. 자신의 처지에 대한 **限界**

한계 : 사물의 정하여진 범위나 경계

(한계)를 느끼고 **근심[患**(환)**]**하다 병이 났습니다.

별다른 도리없이 시간이 흐르고 드디어 제삿날이 되었습니다. 궁리하다 못한 선비는 마음으로 선친을 모시기로 작정하였습니다. 집안 청소를 말끔히 하고 洗手(세수)를 한 후에 선친의 제사를 모시는 신주*를 정성껏 썼습니다. 음식

세수 : 얼굴을 씻음

을 마련하지는 못하였지만 제삿상에다 신주를 모시고 찬물을 떠 놓은 후에 부인과 함께 절을 올렸습니다. 그리고 자신의 슬픈 심정을 마치 선친과 談話(담화)라도 나누듯 樂想(악상)을 살려 노래로 읊었습니다.

담화 : 서로 자유롭게 나누는 이야기

악상 : 음악에 표현되어 있는 사상. 작곡을 하는 데 실마리가 되는 생각

★ 신주 : 죽은 사람의 위패. 대개 밤나무로 만드는데, 길이는 여덟 치, 폭은 두 치가량이고, 위는 둥글고 아래는 모지게 생김.

새로 배우는 한자

| 貴 | 性 | 善 | 常 | 便 | 可 |
| 귀할 귀 | 성품 성 | 착할 선 | 항상 상 | 편할 편 | 옳을 가 |

| 姓 | 限 | 患 | 洗 | 談 | 樂 |
| 성 성 | 한정할 한 | 근심 환 | 씻을 세 | 말씀 담 | 풍류 악, 좋아할 요, 즐거울 락 |

이미 배운 한자

| 最 | 安 | 望 | 界 | 手 | 話 | 想 |
| 가장 최 | 편안할 안 | 바랄 망 | 경계 계 | 손 수 | 이야기 화 | 생각할 상 |

1. 착한 선비의 제사 준비

 귀할 귀

貝부 5획 (총12획)

貴 中 guì

가운데(中) 있는 하나(一)의 재물(貝)이 귀한 것이니 '귀할 귀'
+ 中(가운데 중), 貝(조개 패, 재물 패)

- 品貴(품귀) : 물건이 귀함. (品:물건 품)
  - 농산물의 品貴(품귀)현상으로 채소값이 폭등했습니다.

- 貴重(귀중) : 귀하고 소중함. (重:무거울 중)
  - 경주에는 貴重(귀중)한 문화재가 많이 보존되어 있습니다.

 성품 성

心부 5획 (총8획)

性 中 xìng

마음(忄)에 나면서(生)부터 생긴 것이니 '성품 성'
+ 忄 = 心(마음 심), 生(날 생, 살 생)

- 特性(특성) : 다른 것과 다른 특별한 성질. (特:특별할 특)
  - 도자기의 特性(특성)에 대하여 여쭈어 보았습니다.

- 性別(성별) : 남자와 여자의 구별. (別:다를 별)
  - 우리 반은 性別(성별)로 보면 남학생이 더 많습니다.

貴 貝 貝 貴 貴 貴 貴 貴 貴 貴 貴 貴	性 忄 忄 忄 性 性 性 性
貴 貴	性 性
귀할 귀 귀할 귀	성품 성 성품 성

1. 착한 선비의 제사 준비

善 착할 선

口부 9획 (총12획)

善　中 shàn　반의어 惡(악할 악)

 善

양(羊)처럼 풀(艹)만 입(口)으로 먹는 짐승은 착하고 좋으니 '착할 선'
+ 羊(양 양), 艹 = 艸(풀 초), 口(입 구, 말할 구, 구멍 구)

- 善行(선행) : 착한 행실. (行:다닐 행)
  - 지은이의 善行(선행)을 우리 반 모두가 알게 되었습니다.

- 最善(최선) : 가장 좋음, 온 정성과 능력. (最:가장 최)
  - 무슨 일이나 最善(최선)을 다하는 민우의 모습이 보기 좋습니다.

常 항상 상

巾부 8획 (총11획)

常　中 cháng

常

(염치를 아는 인간에게) 숭상함(尙)이 옷(巾)임은 항상 보통의 일이니 '항상 상'
+ 尙(오히려 상, 숭상할 상, 높일 상), 巾(수건 건)

- 正常(정상) : 특별한 탈이 없는 제대로의 상태. (正:바를 정)
  - 안과에 가서 검사한 결과 내 눈은 正常(정상)이라고 하셨습니다.

- 日常(일상) : 늘. 항상. (日:날 일)
  - 현대인들은 바쁘게 日常(일상) 생활을 하고 있습니다.

善善善善善善善善善善善善				常常常常常常常常常常常			
善	善			常	常		
착할 선	착할 선			항상 상	항상 상		

수행평가

🐦 **다음 한자(漢字)의 훈(訓)과 음(音)을 찾아 그 번호를 쓰시오.**

1. 善 (   )   ① 항상 상   ② 성품 성   ③ 착할 선   ④ 귀할 귀
2. 貴 (   )   ① 귀할 귀   ② 마당 장   ③ 항상 상   ④ 성품 성

🐦 **다음의 훈(訓)과 음(音)에 맞는 한자(漢字)를 찾아 그 번호를 쓰시오.**

3. 성품 성 (   )   ① 善   ② 性   ③ 常   ④ 貴
4. 항상 상 (   )   ① 性   ② 貴   ③ 善   ④ 常

🐦 **다음의 뜻에 맞는 한자어(漢字語)를 고르시오.**

5. 가장 좋음, 온 정성과 능력 (   )   ① 善行   ② 最善   ③ 改善   ④ 親善
6. 다른 것과 다른 특별한 성질 (   )   ① 性格   ② 性品   ③ 特性   ④ 品性
7. 특별한 탈이 없는 제대로의 상태 (   )   ① 正常   ② 日常   ③ 常識   ④ 非常

🐦 **다음 글을 읽고 한자어(漢字語)의 독음(讀音)을 쓰시오.**

8. 날마다 신문을 읽으면 常識(   )이 풍부해 집니다.

🐦 **다음 글을 읽고 물음에 답하시오.**

9. 다음 중 '常'과 음(音)이 같은 한자(漢字)를 고르시오.   (   )
   ① 貴   ② 相   ③ 聞   ④ 性

10. 다음 □ 안에 공통으로 들어갈 수 있는 한자(漢字)를 고르시오.
    □行, □心, □良   (   )
    ① 貴   ② 常   ③ 性   ④ 善

착한 선비와 불량 선비   1. 착한 선비의 제사 준비

편할 편, 똥오줌 변
亻(人)부 7획 (총9획)

便 中 biàn, pián

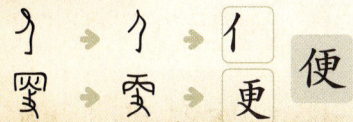 便

사람(亻)이 잘못을 고치면(更) 편하니 '편할 편', 또 누우면 편한 것이니 '똥오줌 변'
+ 亻 = 人(사람 인), 更(고칠 경, 다시 갱)

- 便安(편안) : 몸과 마음이 편하고 좋음. (安:편안 안)
  – 이 의자는 아주 便安(편안)하여 피로가 풀리는 듯 합니다.

- 便利(편리) : 편하고 이로움. (利:이로울 리)
  – 기술의 발달로 갈수록 생활이 便利(편리)해집니다.

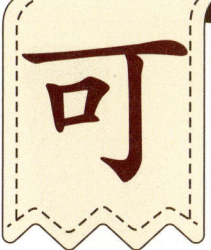
옳을 가
口부 2획 (총5획)

可 中 kě

 可

장정(丁)처럼 씩씩하게 말함(口)이 옳으니 '옳을 가', 또 옳으면 가히 허락하니 '허락할 가'
+ 丁(고무래 정, 못 정, 장정 정), 口(입 구)

- 可決(가결) : 제출된 의안을 옳다고 인정함. (決:결단할 결)
  – 이번 회의 안건은 만장일치로 可決(가결)되었습니다.

- 可望(가망) : 바라는 대로 이루어질 수 있는 희망. (望:바랄 망)
  – 그 환자는 살아날 可望(가망)이 없어 보였습니다.

便便便便便便便便便				可可可可可			
便	便			可	可		
편할 편	편할 편			옳을 가	옳을 가		

 성 **성**
女부 5획 (총8획)

姓 ⓒ xìng

여자(女)가 자식을 낳아(生) 다른 사람과 구별하기 위하여 붙인 것이니 '성 성'
+ 女(여자 녀), 生(살 생)

뜻
활용

- 姓氏(성씨) : 성의 높임말. (氏:성 씨)
  - 옛날에는 姓氏(성씨)가 같은 사람들끼리 모여 살았습니다.
- 百姓(백성) : 일반 국민의 예스러운 말. (百:일백 백)
  - 임금님이 가난한 百姓(백성)들을 위해 식량을 나누어 주도록 하셨습니다.

 한정할 **한**
阝부 6획 (총9획)

限 ⓒ xiàn

언덕(阝)에 막혀 멈춰야(艮)하니 '한정할 한'
+ 阝= 阜(언덕 부), 艮(어긋날 간, 멈출 간)

뜻
활용

- 制限(제한) : 어느 한도를 넘지 못하게 막음. (制:억제할 제)
  - 마라톤 코스는 길의 굴곡이나 경사, 폭 등에 制限(제한)이 없습니다.
- 限界(한계) : 사물의 정하여진 범위나 경계. (界:지경 계)
  - 선수들의 체력이 限界(한계)에 다다랐습니다.

姓 姓 姓 姓 姓 姓 姓						限 限 限 限 限 限 限 限 限						
姓	姓					限	限					
성 성	성 성					한정할 한	한정할 한					

착한 선비와 불량 선비   1. 착한 선비의 제사 준비

근심 환
心부 7획 (총11획)

患 ㊥ huàn

 患

가운데(中) 가운데(中)에 항상 있는 마음(心)이니 '근심 환'
+ 中(가운데 중), 心(마음 심)

 뜻 활용

- 患者(환자) : 병을 앓는 사람. (者:사람 자)
  – 한 명의 患者(환자)라도 최선을 다하시는 의사 선생님을 존경합니다.
- 老患(노환) : 늙어 쇠약해서 생긴 병. (老:늙을 노)
  – 할아버지께서는 老患(노환)으로 고생을 하고 계십니다.

씻을 세
氵(水)부 6획 (총9획)

洗 ㊥ xǐ

 洗

물(氵)로 먼저(先) 씻으니 '씻을 세'
+ 氵 = 水(물 수), 先(먼저 선)

 뜻 활용

- 洗手(세수) : 얼굴을 씻음. (手:손 수)
  – 분희는 아침에 일어나 제일 먼저 洗手(세수)부터 합니다.
- 洗車(세차) : 차에 묻은 먼지나 흙을 씻어냄. (車:수레 차)
  – 洗車(세차)를 하고 나니 새 차처럼 깨끗해졌습니다.

患患患患患患患患患患患				洗洗洗洗洗洗洗洗洗			
患	患			洗	洗		
근심 환	근심 환			씻을 세	씻을 세		

1. 착한 선비의 제사 준비

수행평가

다음 한자(漢字)의 훈(訓)과 음(音)을 찾아 그 번호를 쓰시오.

1. 限 (   )   ① 성 성   ② 옳을 가   ③ 항상 상   ④ 한정할 한
2. 便 (   )   ① 옳을 가   ② 근심 환   ③ 편할 편   ④ 씻을 세

다음의 훈(訓)과 음(音)에 맞는 한자(漢字)를 찾아 그 번호를 쓰시오.

3. 씻을 세 (   )   ① 性   ② 洗   ③ 貴   ④ 常
4. 근심 환 (   )   ① 患   ② 可   ③ 姓   ④ 限

다음의 뜻에 맞는 한자어(漢字語)를 고르시오.

5. 일정한 범위를 정함 (   )   ① 限界   ② 限定   ③ 期限   ④ 無限
6. 몸과 마음이 편하고 좋음 (   )   ① 不便   ② 用便   ③ 便紙   ④ 便安
7. 얼굴을 씻음 (   )   ① 洗手   ② 洗禮   ③ 洗車   ④ 洗足

다음 글을 읽고 한자어(漢字語)의 독음(讀音)을 쓰시오.

8. 한 명의 患者(   )라도 최선을 다하시는 의사 선생님을 좋아합니다.

다음 글을 읽고 물음에 답하시오.

9. 다음 중 '可'와 음(音)이 같은 한자(漢字)를 고르시오.   (   )
   ① 洗   ② 患   ③ 家   ④ 善

10. 다음 □ 안에 공통으로 들어갈 수 있는 한자(漢字)를 고르시오.
    □面, □車, □手   (   )
    ① 不   ② 洗   ③ 便   ④ 可

談

말씀 담

言부 8획 (총15회)

谈 中 tán   동의어 話(말할 화)

말(言)을 덥게(炎), 즉 뜨겁게 하니 '말씀 담'
+ 言(말씀 언), 炎(더울 염)

- **俗談(속담)** : 예로부터 전해지는 격언. (俗:풍속 속)
  – 선생님께서 俗談(속담)의 뜻을 자세히 설명해 주셨습니다.

- **談話(담화)** : 서로 자유롭게 나누는 이야기. (話:말할 화)
  – 오랜만에 만난 친구와 날이 새는 줄 모르고 談話(담화)하였습니다.

樂

풍류 악, 좋아할 요, 즐거울 락

木부 11획 (총15회)

乐 中 lè, yuè

북(白)을 작은(幺)실로 나무(木) 받침대 위에 묶어놓은 모습에서 '풍류 악', 또 풍류는 누구나 즐기니 '즐거울 락', 풍류는 누구나 좋아하니 '좋아할 요'
+ 白('흰 백'이나 여기서는 북으로 봄), 幺(작을 요), 木(나무 목)

- **苦樂(고락)** : 괴로움과 즐거움. (苦:괴로울 고)
  – 민호는 나와 苦樂(고락)을 같이 나누는 친한 친구입니다.

- **樂想(악상)** : 새로운 음악의 가락이나 기분이 떠오르는 것. (想:생각할 상)
  – 작곡가는 樂想(악상)이 떠오를 때마다 기록에 남깁니다.

談 談 談 談 談 談 談 談 談 談 談			樂 樂 樂 樂 樂 樂 樂 樂 樂 樂 樂		
談	談		樂	樂	
말씀 담	말씀 담		즐거울 락	즐거울 락	

수행평가

🐤 다음 한자(漢字)의 훈(訓)과 음(音)을 찾아 그 번호를 쓰시오.

1. 談 (   ) ① 옳을 가 ② 말씀 담 ③ 씻을 세 ④ 근심 환
2. 樂 (   ) ① 풍류 악 ② 착할 선 ③ 항상 상 ④ 노래 요

🐤 다음의 훈(訓)과 음(音)에 맞는 한자(漢字)를 찾아 그 번호를 쓰시오.

3. 풍류 악 (   ) ① 安 ② 常 ③ 樂 ④ 責
4. 말씀 담 (   ) ① 談 ② 限 ③ 姓 ④ 可

🐤 다음의 뜻에 맞는 한자어(漢字語)를 고르시오.

5. 괴로움과 즐거움 (   ) ① 行樂 ② 苦樂 ③ 樂天 ④ 國樂
6. 산과 물을 좋아함 (   ) ① 自給自足 ② 作心三日 ③ 樂山樂水 ④ 東問西答
7. 만나서 이야기 함 (   ) ① 面談 ② 合同 ③ 美談 ④ 談合

🐤 다음 글을 읽고 한자어(漢字語)의 독음(讀音)을 쓰시오.

8. 우리 俗談(   )에 '천리 길도 한 걸음부터'라는 말이 있습니다.

🐤 다음 글을 읽고 물음에 답하시오.

9. 다음 중 '樂'의 훈음이 아닌 것을 고르시오.   (   )
   ① 즐거울 락 ② 좋아할 요 ③ 풍류 악 ④ 좋아할 호

10. 다음 □ 안에 공통으로 들어갈 수 있는 한자(漢字)를 고르시오.
    農□, 音□, 風□   (   )
    ① 限   ② 樂   ③ 常   ④ 可

20 착한 선비와 불량 선비

단원평가

🐦 다음 한자(漢字)의 훈(訓)과 음(音)을 쓰시오.

1. ① 洗 (   )   ② 患 (   )

🐦 다음 한자어(漢字語)의 음(音)과 뜻을 찾아 줄로 이으시오.

2. 樂天 •   • ① 귀중 •   • ㉠ 편하고 이로움.
3. 貴重 •   • ② 낙천 •   • ㉡ 귀하고 소중함.
4. 便利 •   • ③ 편리 •   • ㉢ 인생을 즐겁게 여기는 생각

🐦 다음 글을 읽고 물음에 답하시오.

5. 다음 한자(漢字)의 독음(讀音)이 서로 다른 것을 고르시오. (   )
   ① 性 - 姓   ② 善 - 先   ③ 常 - 相   ④ 可 - 河

6. 다음 중 뜻이 서로 상대되는 것끼리 짝지어진 것을 고르시오. (   )
   ① 善惡   ② 洗面   ③ 患者   ④ 限定

7. 다음 중 뜻이 서로 비슷한 것끼리 짝지어진 것을 고르시오. (   )
   ① 善心   ② 談話   ③ 不可   ④ 用便

8. 부수(部首) '心' 으로 찾을 수 있는 한자(漢字)를 고르시오. (   )
   ① 常   ② 患   ③ 談   ④ 善

9. 다음중 '洗'와 음이 같은 한자(漢字)를 고르시오. (   )
   ① 談   ② 國   ③ 世   ④ 萬

🐦 다음의 어원(語原)에 해당하는 한자(漢字)를 고르시오.

10. 양처럼 풀만 입으로 먹는 짐승은 착하고 좋음. (   )
    ① 限   ② 可   ③ 樂   ④ 善

꼬불 꼬불 길찾아가기

찬일이는 숲에서 길을 잃어버렸어요. 갈림길에 써 있는 한자어(韓字語)를 읽고 바른 음(音)을 따라 가면 집에 도착할 수 있습니다.

2 정성을 다한 착한 선비

QR을 찍으면 구연동화로 재생 됩니다.

- 관찰, 등수 등의 한자어 및 이야기 관련 한자를 공부해 봅시다.
- 제사상을 차리지 못한 선비의 마음을 헤아려봅시다.

시간이 흘러 한 해가 지나 이 가난한 선비는 또 고민에 빠졌습니다. 제삿날은 다가오고 장만할 돈은 한 푼도 없고, 생각다 못해 선비는 신주를 소매에 넣고 장터로 나갔습니다. 잠시 장터의 모습을 **觀察**(관찰)하더니 제사 음

관찰 : 무엇을 주의하여 살펴보는 것

식을 파는 곳으로 갔습니다. 그리고 신주를 내 보이며 작은 소리로 **告**(고)하였습니다.

"일년에 한번 돌아오는 제사에 음식을 **豊富**(풍부)히 마련

풍부 : 넉넉하고 많음

하여 부모님 은혜에 **報答**(보답)하는 것이 도리입니다.

보답 : 남의 호의나 은혜를 갚음

그러나 살림이 워낙 가난[**貧**(빈)]하여 준비를 하지 못하였습니다.

자식으로서 제사를 이처럼 모시는

것은 **等數**(등수)로 매긴다면 최
등수 : 등급이나 순위를 정하여 차례대로 매긴 번호

하인줄 압니다. 그러나 **失望**(실망)하
실망 : 바라던 일이 뜻대로 되지 아니하여 마음이 몹시 상함

지 마시고 부디 제 정성을 받아주시어 맛있게 드십시오." 그리고 난 후 과

일 가게로 갔습니다.

"아버님 여기 밤, 대추가 있습니다. 여기 감이 있습니다.

滿足(만족)할 만큼 드십시오."
만족 : 모자람이 없이 마음에 흡족함

이렇게 과일 가게와 어물전, 푸줏간과 채소 가게를 돌며 신주만 알아들을 수

있도록 소곤거리는 것이었습니다. 그 선비는 본디 **根本**(근본)이 마치 **대나무**
근본 : 사물의 바탕이나 기본

[**竹**(죽)]처럼 곧은 선비로서 선친을 이처럼 모시는 것이 매우 죄송스러웠습니다.

그날 밤 꿈에 선친이 나타나 말씀하셨습니다.

"오늘 장에 나가서 가게마다 다니며 음식을 푸짐하게 잘 먹었다. 오죽하면 네

가 그러했겠느냐. 너의 정성에 참으로 감동을 했단다."

이후 선비는 과거에 급제하여 행복하게 잘 살았습니다.

 **볼 관**

見부 18획 (총25획)

观　㊥ guān

 황새(雚)처럼 목을 늘이고 보니(見) '볼 관'
+ 雚[풀(艹) 속에 여기저기 입들(口口)을 넣어 먹이를 찾는 새(隹)니 '황새 관'], 見(볼 견, 뵐 현)

- 觀念(관념) : 견해나 생각. (念:생각 념)
  - 창의력을 기르기 위해서는 고정 觀念(관념)을 버려야 합니다.
- 觀光(관광) : 자연 경관을 두루 구경함. (光:빛 광)
  - 우리 가족은 觀光(관광)버스를 타고 경주에 다녀왔습니다.

 **살필 찰**

宀부 11획 (총14획)

察　㊥ chá

 집(宀)에서 제사(祭)때 제물을 살피니 '살필 찰'
+ 宀(집 면), 祭(제사 제, 축제 제)

- 觀察(관찰) : 사물을 자세하게 살펴봄. (觀:볼 관)
  - 나팔꽃이 자라는 과정을 자세히 觀察(관찰)하여 기록하고 있습니다.
- 視察(시찰) : 다니며 실지 사정을 살펴봄. (視:볼 시)
  - 대통령의 지방 視察(시찰)에는 많은 수행원들이 따라갑니다.

觀觀觀觀觀觀觀觀觀觀觀觀			察察察察察察察察察察察察察察		
觀	觀		察	察	
볼 관	볼 관		살필 찰	살필 찰	

2. 정성을 다한 착한 선비

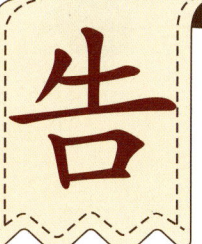

알릴 고

口부 4획 (총7획)

告 中 gào

소(牛)를 잡아 차려 놓고 입(口)으로 알리니 '알릴 고', '말할 고'
+ 牛(소 우), 口(입 구)

- **忠告(충고)** : 남의 잘못을 솔직히 타이름. (忠:충성 충)
  - 용기 있는 사람은 남의 **忠告(충고)**를 받아들일 줄 압니다.
- **告別(고별)** : 이별을 알림. (別:다를 별)
  - 마을 사람들과 **告別(고별)** 인사를 하고 헤어졌습니다.

부유할 부

宀부 9획 (총12획)

富 中 fù

집(宀)에 재물이 차(畐) 있으니 '부유할 부'
+ 宀(집 면), 畐(찰 복)

- **富強(부강)** : 부유하고 강함. (強 : 굳셀 강)
  - **富強(부강)**한 나라를 만들기 위해 우리 모두가 힘을 합쳐야 합니다.
- **豊富(풍부)** : 넉넉하고 많음. (豊 : 풍년 풍)
  - 북한은 **豊富(풍부)**한 지하자원을 가지고 있습니다.

告告告告告告告						富富富富富富富富富富富富					
告	告					富	富				
알릴 고	알릴 고					부유할 부	부유할 부				

🐦 다음 한자(漢字)의 훈(訓)과 음(音)을 찾아 그 번호를 쓰시오.

1. 富 (   )   ① 부유할 부 ② 알릴 고 ③ 볼 관 ④ 착할 선
2. 察 (   )   ① 볼 관 ② 살필 찰 ③ 항상 상 ④ 성품 성

🐦 다음의 훈(訓)과 음(音)에 맞는 한자(漢字)를 찾아 그 번호를 쓰시오.

3. 알릴 고 (   )   ① 告 ② 富 ③ 觀 ④ 察
4. 볼 관 (   )   ① 善 ② 限 ③ 告 ④ 觀

🐦 다음의 뜻에 맞는 한자어(漢字語)를 고르시오.

5. 넉넉하고 많음 (   )   ① 豊富 ② 富貴 ③ 富有 ④ 富民
6. 이별을 알림 (   )   ① 告知 ② 忠告 ③ 告別 ④ 告白
7. 사물을 자세히 살펴 봄 (   )   ① 視察 ② 觀察 ③ 察色 ④ 察見

🐦 다음 글을 읽고 한자어(漢字語)의 독음(讀音)을 쓰시오.

8. 富强(   )한 나라를 만들기 위해 국민 모두가 힘을 합쳐야 합니다.

🐦 다음 글을 읽고 물음에 답하시오.

9. 다음 중 '告'와 음(音)이 같은 한자(漢字)를 고르시오.   (   )
    ① 性   ② 古   ③ 角   ④ 富

10. 다음 □ 안에 공통으로 들어갈 수 있는 한자(漢字)를 고르시오.
    □知, □示, □別   (   )
    ① 富   ② 觀   ③ 告   ④ 貴

착한 선비와 불량 선비 2. 정성을 다한 착한 선비

報

갚을, 알릴 보

土부 9획 (총12획)

报 中 bào

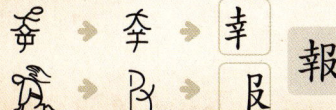

다행히(幸) 재산을 잘 다스려(攵) 소식도 알리고 은혜도 갚으니 '알릴 보', '갚을 보'
+ 幸(행복할 행, 다행 행), 攵(갚을 복)

뜻
- 報答(보답) : 남의 호의나 은혜를 갚음. (答:대답할 답)
  – 부모님의 은혜에 **報**答(보답)하기 위해 열심히 공부하고 있습니다.

활용
- 報告(보고) : 일의 내용, 결과를 말이나 글로 알림. (告:고할 고)
  – 한 달간의 실적을 집계하여 상사에게 **報**告(보고)하였습니다.

貧

가난할 빈

貝부 4획 (총11획)

贫 中 pín 반의어 富(부유할 부)

나눈(分) 재물(貝)이면 몫이 적으니 '가난할 빈'
+ 分(나눌 분, 단위 분), 貝(조개 패, 재물 패)

뜻
- 淸貧(청빈) : 청렴하고 가난함. (淸:맑을 청)
  – 淸**貧**(청빈)한 선비의 삶은 고을에 널리 알려져 있었습니다.

활용
- 貧富(빈부) : 가난한 것과 넉넉한 것. (富:부자 부)
  – 우리 사회는 **貧**富(빈부)의 격차가 갈수록 커지고 있습니다.

報	報									貧	貧	貧	貧	貧	貧	貧	貧	貧	貧
報	報									貧	貧								
갚을 보	갚을 보									가난할 빈	가난할 빈								

2. 정성을 다한 착한 선비 29

 **등급 등**

竹부 6획 (총12획)

等 ⓒ děng

 대(竹)가 절(寺) 주변에 같은 무리를 이루고 차례로 서 있으니 '등급 등', '무리 등'
+ ⺮ = 竹(대 죽), 寺(절 사)

- 平等(평등) : 차별없이 고름. (平:평평할 평)
  - 모든 사람은 법 앞에 平等(평등)합니다.

- 等分(등분) : 똑같이 나눔. (分:나눌 분)
  - 사과를 2等分(등분)하여 동생과 사이좋게 먹었습니다.

 **셀 수**

攵(攴)부 11획 (총15획)

数 ⓒ shǔ, shù

쌓여(婁) 있는 물건을 하나하나 치면서(攵) 세니 '셀 수'
+ 婁(쌀일 루), 攵(칠 복)

- 等數(등수) : 등급이나 순위를 정하여 매긴 번호. (等:등급 등)
  - 이번 시험에 等數(등수)가 올라서 부모님께 칭찬을 들었습니다.

- 少數(소수) : 적은 수. (少:적을 소)
  - 少數(소수)의 의견이라고 무시해서는 안됩니다.

等等等等等等等等等等					數數數數數數數數數數數				
等	等				數	數			
등급 등	등급 등				셀 수	셀 수			

 착한 선비와 불량 선비

착한 선비와 불량 선비 **2. 정성을 다한 착한 선비**

失 잃을 실

大부 2획 (총5획)

失 中 shī

ど → 先 → 失

화살 시(矢)의 위를 연장하여 이미 쏘아버린 화살을 나타내어 쏘아진 화살은 잃어버린 것이란 데서 '잃을 실'
+ 矢(화살 시)

- 失手(실수) : 고의가 아닌 잘못. (手:손 수)
  - 현수는 어제의 失手(실수)를 인정하고 친구에게 사과했습니다.
- 失望(실망) : 바라는 대로 안되어 낙심함. (望:바랄 망)
  - 소풍날 아침 비가 오자 아이들은 크게 失望(실망)하였습니다.

滿 가득할 만

氵(水)부 11획 (총14획)

滿 中 mǎn

氺 → 氵 → 氵
苎 → 芇 → 㒼   滿

물(氵)이 그릇(凵) 양(兩)쪽에 가득 차니 '가득할 만'
+ 氵 = 水(물 수), 凵(입 벌릴 감, 그릇 감), 兩(두 량)

- 不滿(불만) : 마음에 차지 않음. (不:아니 불)
  - 어린 선인장들은 사막에서 태어난 것이 不滿(불만)이었습니다.
- 滿足(만족) : 마음에 부족함이 없이 흐뭇함. (足:족할 족, 발 족)
  - 언니의 요리 솜씨에 어머니께서 滿足(만족)해 하셨습니다.

失 矢 矢 失 失				滿滿滿滿滿滿滿滿滿滿滿滿滿滿				
失	失			滿	滿			
잃을 실	잃을 실			가득할 만	가득할 만			

수행평가

🐦 다음 한자(漢字)의 훈(訓)과 음(音)을 찾아 그 번호를 쓰시오.

1. 數 (   )   ① 알릴 고   ② 셀 수   ③ 등급 등   ④ 살필 찰
2. 報 (   )   ① 갚을 보   ② 볼 관   ③ 부유할 부   ④ 가난할 빈

🐦 다음의 훈(訓)과 음(音)에 맞는 한자(漢字)를 찾아 그 번호를 쓰시오.

3. 등급 등 (   )   ① 等   ② 察   ③ 告   ④ 報
4. 가난할 빈 (   )   ① 富   ② 報   ③ 數   ④ 貧

🐦 다음의 뜻에 맞는 한자어(漢字語)를 고르시오.

5. 바라는 대로 안 되어 낙심함 (   )   ① 失手   ② 失敗   ③ 失望   ④ 有失
6. 등급이나 순위를 정하여 매긴 번호 (   )   ① 同等   ② 等數   ③ 平等   ④ 等分
7. 남의 호의나 은혜를 갚음 (   )   ① 報道   ② 報國   ③ 報答   ④ 報告

🐦 다음 글을 읽고 한자어(漢字語)의 독음(讀音)을 쓰시오.

8. 모든 국민은 법 앞에 平等(   )합니다.

🐦 다음 글을 읽고 물음에 답하시오.

9. 다음 중 '失'과 음(音)이 같은 한자(漢字)를 고르시오.   (   )
   ① 室   ② 貧   ③ 等   ④ 報

10. 다음 □ 안에 공통으로 들어갈 수 있는 한자(漢字)를 고르시오.

    □足, □期, 充□   (   )
    ① 富   ② 告   ③ 報   ④ 滿

2. 정성을 다한 착한 선비

뿌리 근

木부 6획 (총10획)

根 中 gēn

 根

나무(木)를 멈춰(艮)있게 하는 부분이니 '뿌리 근'
+ 木(나무 목), 艮(어긋날 간, 멈출 간)

- 根本(근본) : 사물의 바탕이나 기본. (本:근본 본)
  - 인사는 예절의 根本(근본)입니다.
- 根絶(근절) : 뿌리째 없애버림. (絶:끊을 절)
  - 사치 풍토는 根絶(근절)되어야 합니다.

대나무 죽

竹부 0획 (총6획)

竹 中 zhú

→ 艸 → 竹

대 잎이 아래로 드리워진 모양을 본떠서 '대 죽'

- 竹馬故友(죽마고우) : 어릴 때부터 같이 놀며 자란 친구.(馬:말 마, 故:옛 고, 友:벗 우)
  - 어릴 적부터의 단짝 친구를 竹馬故友(죽마고우)라고 합니다.
- 竹林(죽림) : 대나무 숲. (林:수풀 림)
  - 담양에는 울창한 竹林(죽림)이 여러 곳에 있습니다.

根根根根根根根根根根					竹竹竹竹竹竹				
根	根				竹	竹			
뿌리 근	뿌리 근				대나무 죽	대나무 죽			

2. 정성을 다한 착한 선비 33

수행평가

🐤 다음 한자(漢字)의 훈(訓)과 음(音)을 찾아 그 번호를 쓰시오.

1. 根 (   )   ① 성품 성   ② 뿌리 근   ③ 항상 상   ④ 등급 등
2. 竹 (   )   ① 잃을 실   ② 갚을 보   ③ 알릴 고   ④ 대나무 죽

🐤 다음의 훈(訓)과 음(音)에 맞는 한자(漢字)를 찾아 그 번호를 쓰시오.

3. 대나무 죽 (   )   ① 富   ② 善   ③ 竹   ④ 樂
4. 뿌리 근 (   )   ① 告   ② 貧   ③ 失   ④ 根

🐤 다음의 뜻에 맞는 한자어(漢字語)를 고르시오.

5. 사물의 바탕이나 기본 (   )   ① 根本   ② 根性   ③ 根絶   ④ 根時
6. 대나무 숲 (   )   ① 竹馬   ② 竹林   ③ 竹品   ④ 生竹
7. 뿌리째 없애버림 (   )   ① 根數   ② 根性   ③ 根毛   ④ 根絶

🐤 다음 글을 읽고 한자어(漢字語)의 독음(讀音)을 쓰시오.

8. 이웃집 아저씨와 민우 아버지는 어릴적에 竹馬(   )를 타고 놀았다고 합니다.

🐤 다음 글을 읽고 물음에 답하시오.

9. 다음 중 '根'과 어울리는 한자(漢字)를 고르시오.   (   )
   ① 竹   ② 十   ③ 本   ④ 衣

10. 다음 중 '竹'과 어울리지 않는 한자(漢字)를 고르시오.   (   )
    ① 田   ② 林   ③ 告   ④ 馬

단원평가

🐦 다음 한자(漢字)의 훈(訓)과 음(音)을 쓰시오.

1. ① 貧 (   )   ② 滿 (   )

🐦 다음 한자어(漢字語)의 음(音)과 뜻을 찾아 줄로 이으시오.

2. 滿足 •   • ① 만족 •   • ㉠ 똑같이 나눔.
3. 報告 •   • ② 등분 •   • ㉡ 마음에 부족함이 없이 흐뭇함.
4. 等分 •   • ③ 보고 •   • ㉢ 일의 내용, 결과를 말이나 글로 알림.

🐦 다음 글을 읽고 물음에 답하시오.

5. 다음 한자(漢字)의 독음(讀音)이 서로 <u>다른</u> 것을 고르시오.   (   )
   ① 告 - 苦   ② 失 - 室   ③ 數 - 水   ④ 等 - 告

6. 다음 중 뜻이 서로 상대되는 것끼리 짝지어진 것을 고르시오.   (   )
   ① 貧富   ② 告白   ③ 腐敗   ④ 竹馬

7. 다음 중 뜻이 서로 비슷한 것끼리 짝지어진 것을 고르시오.   (   )
   ① 失望   ② 富有   ③ 報告   ④ 報國

8. 다음 중 '數'와 음이 같은 한자(漢字)를 고르시오.   (   )
   ① 貧   ② 等   ③ 手   ④ 告

9. 다음 중 '觀'과 어울리는 한자(漢字)를 고르시오.   (   )
   ① 光   ② 數   ③ 失   ④ 樂

🐦 다음의 어원(語原)에 해당하는 한자(漢字)를 고르시오.

10. 소를 잡아 차려 놓고 입으로 알림. (   )
    ① 貧   ② 竹   ③ 富   ④ 告

재미있는 사다리 타기

사다리를 타고 내려가면 만나서 이루어지는 한자어(漢字語)가 있습니다.
그 한자어(漢字語)의 독음(讀音)을 쓰고 뜻을 간단히 써 보세요.

觀　　報　　失　　等

分　　答　　光　　望

음 ／ 뜻

음 ／ 뜻

음 ／ 뜻

음 ／ 뜻

自信滿滿

스스로 **자** 믿을 **신** 가득할 **만** 가득할 **만**

'자기 몸에 가득 참'으로, 어떤 일에 자신 있음을 말할 때 쓰는 말

3 불량 선비의 하루

- '불량 선비의 하루' 이야기와 관련한 한자를 공부해 봅시다.
- 불량 선비의 행동을 보고 고칠 점을 이야기해 봅시다.

어떤 마을에 매일 술과 노름만 하며 빈둥빈둥 지내는 선비가 있었습니다.

훌륭한 가문에 태어났지만 공부도 안하고, 모든 일에 별다른 노력도 하지 않았습니다. 술집이 문을 열고 閉(폐)하는 시간까지 온 동네 술친구들과 함께 韓半島(한반도)는 좁아서 자신이 할 일이 없다며 술타령을 합니다. 물려받

한반도 : 남한과 북한을 지리적인 특성으로 묶어 이르는 말

은 재산도 모두 탕진했지만 선비는 조금도 달라질 기미가 보이지 않았습니다.

이러한 행동을 하는 남편이지만 부인은 정성을 **다하여**[極(극)]공경하며 누누이 부탁을 하였습니다.

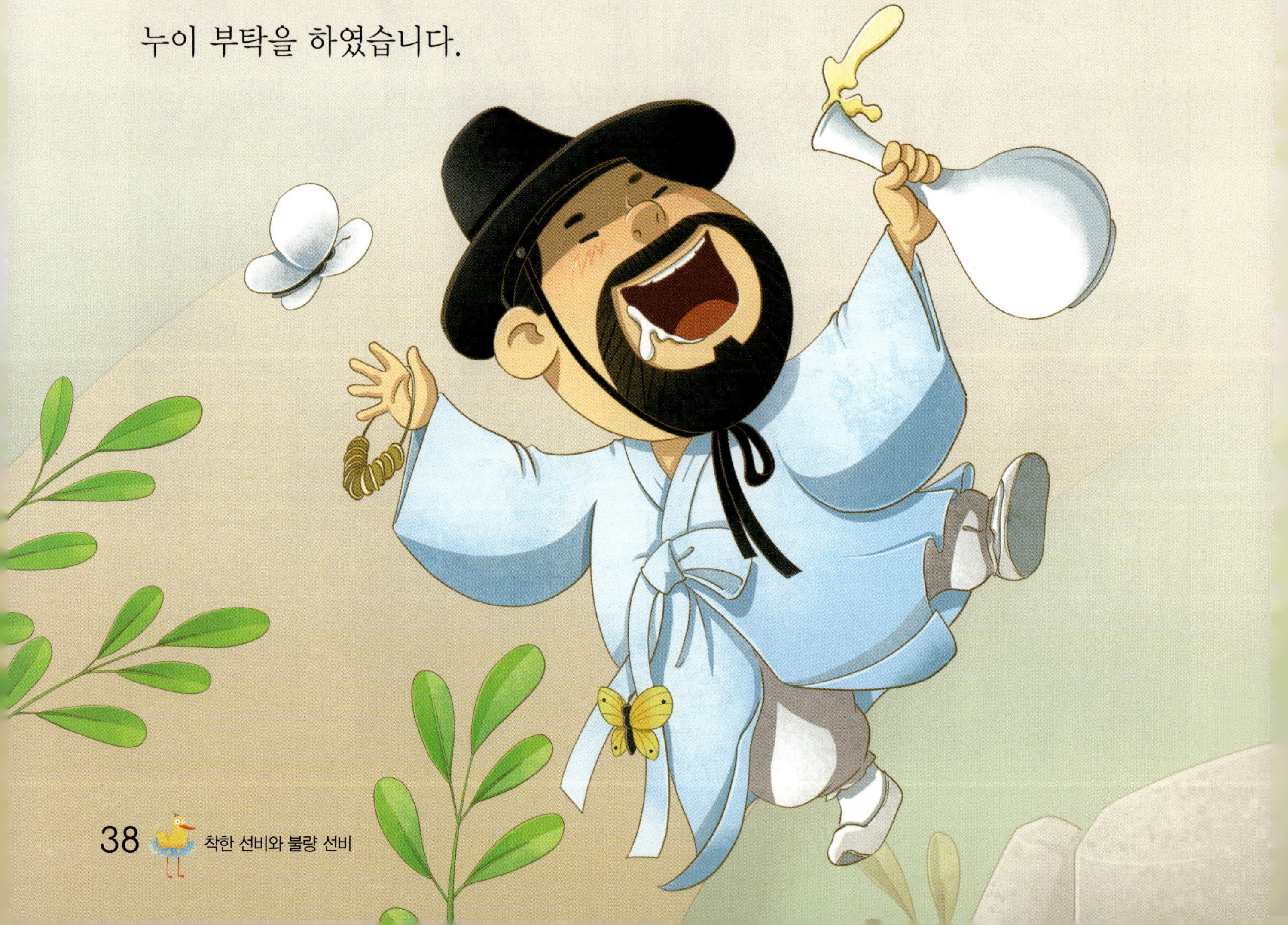

"물려받은 財物(재물)도 다 떨어졌는데 술집 往來(왕래)는 그만 그치십
재물 : 돈과 값나가는 물건   왕래 : 가고 오고 함
시오. 그리고 술친구들과의 인연을 중단하고 부지런히 공부하여 벼슬 자리도
얻고 有益(유익)한 일에 노력하십시오. 그것이 선친에 대한 도리입니다."
유익 : 이익이 됨

"그까짓 재물이 무엇이고, 벼슬이 무엇이란 말이오. 사내 대장부는 喜怒
희로애락 : 기쁨·노여움·슬픔·즐거움 따위의 사람의 온갖 감정
(희로)애락을 함께 할 수 있는 친구들과 友情(우정)을 쌓는 일이 더욱 중요
우정 : 친구 사이의 정
하오."

부인의 충고는 들은 척도 하지 않았습니다. 시간이 흐르고 집안에 재물이 모
두 바닥이 났는데도 선비의 행동은 조금도 改善(개선)되지 않았습니다.
개선 : 부족하거나 잘못된 것을 고치어 나아지게 함

3. 불량 선비의 하루

閉 닫을 폐
門부 3획 (총11획)
闭 中 bì

門 → 門 → 門
⊞ → 才 → 才 → 閉

문(門)에 빗장(才)을 끼운 모습이니 '닫을 폐'
+ 門(문 문), 才('재주 재, 바탕 재'나 여기서는 빗장으로 봄)

- 開**閉**(개폐) : 열고 닫음. (開:열 개)
  - 출입문이 자동으로 開**閉**(개폐)됩니다.
- **閉**會式(폐회식) : 집회나 회의를 마치는 식. (會:모을 회, 式:법 식)
  - 일주일간의 전국체전이 끝나고 **閉**會式(폐회식)이 거행되고 있습니다.

韓 나라이름 한
韋부 8획 (총17획)
韩 中 hán

𩏑 → 𩏑 → 韓

해 돋는(𠦝) 동쪽의 위대한(韋) 나라니 '나라이름 한'
+ 𠦝(해 돋을 간), 韋['다룬 가죽 위, 어길 위'나 여기서는 훌륭할 위, 클 위(偉)의 획 줄임으로 봄]

- **韓**牛(한우) : 한국 소. (牛:소 우)
  - 많은 사람들이 **韓**牛(한우) 고기를 좋아합니다.
- **韓**紙(한지) : 닥나무의 껍질로 만든 종이. (紙:종이 지)
  - 우리나라 **韓**紙(한지)는 품질이 좋기로 유명합니다.

閉閉閉閉閉閉門門門閉閉					韓韓韓韓韓韓韓韓韓韓				
閉	閉				韓	韓			
닫을 폐	닫을 폐				나라이름 한	나라이름 한			

40　착한 선비와 불량 선비

3. 불량 선비의 하루

半 반 반

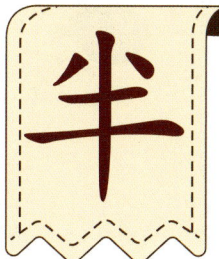

十부 3획 (총5획)

半 中 bàn

나누어(八) 둘(二)로 가르니(丨) '반 반'
+ 八(여덟 팔), 二(두 이), 丨(뚫을 곤)

- **半年(반년)** : 한 해의 반인 여섯 달. (年:해 년)
  - 삼촌은 **半年(반년)**동안 교육을 받는 중입니다.
- **半分(반분)** : 절반으로 나눔. 또는 절반의 분량. (分:나눌 분)
  - 친구와 나는 점심을 먹고 식대를 **半分(반분)**하였습니다.

島 섬 도

山부 7획 (총10획)

岛 中 dǎo

바다에 새(鳥)가 앉을 수 있는 산(山)이니 '섬 도'
+ 鸟['새 조(鳥)'의 획 줄임], 山(메 산)

- **無人島(무인도)** : 사람이 살지 않는 섬. (無:없을 무, 人:사람 인)
  - 친구들과 함께 **無人島(무인도)**에 가보고 싶습니다.
- **落島(낙도)** : 육지에서 멀리 떨어진 섬. (落:떨어질 락)
  - **落島(낙도)** 어린이들을 서울로 초청하였습니다.

半半半半半				島島島島島島島島島島					
半	半			島	島				
반 **반**	반 반			섬 **도**	섬 도				

수행평가

🐥 다음 한자(漢字)의 훈(訓)과 음(音)을 찾아 그 번호를 쓰시오.

1. 島 (   )   ① 나라 한   ② 반 반   ③ 닫을 폐   ④ 섬 도
2. 閉 (   )   ① 씻을 세   ② 닫을 폐   ③ 성품 성   ④ 옳을 가

🐥 다음의 훈(訓)과 음(音)에 맞는 한자(漢字)를 찾아 그 번호를 쓰시오.

3. 반 반   (   )   ① 島   ② 半   ③ 便   ④ 韓
4. 나라이름 한 (   )   ① 閉   ② 富   ③ 韓   ④ 根

🐥 다음의 뜻에 맞는 한자어(漢字語)를 고르시오.

5. 한국의 소   (   )   ① 韓國   ② 韓紙   ③ 韓牛   ④ 韓人
6. 한해의 반, 여섯 달 (   )   ① 半年   ② 半分   ③ 半數   ④ 半半
7. 열고 닫음   (   )   ① 閉止   ② 開閉   ③ 閉場   ④ 閉門

🐥 다음 글을 읽고 한자어(漢字語)의 독음(讀音)을 쓰시오.

8. 獨島(   )는 울릉도 옆에 있는 작은 섬입니다.

🐥 다음 글을 읽고 물음에 답하시오.

9. 다음 중 '韓'과 음(音)이 같은 한자(漢字)를 고르시오.   (   )
   ① 商   ② 可   ③ 談   ④ 寒

10. 다음 중 '島'와 음(音)이 같은 한자(漢字)를 고르시오.   (   )
    ① 韓   ② 道   ③ 樂   ④ 數

착한 선비와 불량 선비　3. 불량 선비의 하루

極 다할 극
木부 9획 (총13획)
极 中 jí

나무(木) 옆에서 하나(一)의 글귀(句)를 또(又) 한번(一) 끝까지 다하여 익히니 '다할 극'
+ 木(나무 목), 句(글귀 구), 又(오른손 우, 또 우)

- 至**極**(지극) : 극진한 데까지 이름. (至:이를 지)
  – 지은이는 부모님에 대한 효심이 至**極**(지극)한 아이입니다.

- **極**度(극도) : 더 할 수 없는 정도. (度:정도 도, 법도 도)
  – 이틀 밤을 꼬박 새웠더니 몸이 **極**度(극도)로 피곤합니다.

財 재물 재
貝부 3획 (총10획)
财 中 cái

재물(貝)이 사람 사는 바탕(才)이니 '재물 재'
+ 貝(조개 패, 재물 패), 才(바탕 재)

- **財**産(재산) : 경제적 가치가 있는 물건의 총체. (産:낳을 산)
  – 할머니는 평생 모은 **財**産(재산)을 가난한 이웃을 위해 사용하셨습니다.

- **財**物(재물) : 돈과 값 나가는 물건. (物:물건 물)
  – 놀부네 집에는 많은 **財**物(재물)이 쌓여 있습니다.

極 極 極 極 极 极 極 極 極 極	財 財 財 財 財 財 財 財 財 財
極　極	財　財
다할 극　다할 극	재물 재　재물 재

 **갈 왕**

彳부 5획 (총8회)

往 ⓒ wǎng

걸어서(彳) 주인(主)에게 가니 '갈 왕'
+ 彳(조금 걸을 척), 主(주인 주)

- 往年(왕년) : 지나간 해. 옛날. (年:해 년)
  - 아버지께서는 往年(왕년)에 야구 선수였다고 말씀하셨습니다.
- 往來(왕래) : 가고 오고 함. (來:올 래)
  - 영수네 집과 우리 집은 往來(왕래)가 자주 있습니다.

 **더할 익**

皿부 4획 (총10획)

益 ⓒ yì

나누고(八) 한(一)번 더 나누어(八) 그릇(皿)에 더하니 '더할 익'
+ 八(여덟 팔, 나눌 팔), 皿(그릇 명)

- 有益(유익) : 이익이 됨. (有:있을 유)
  - 책을 읽음으로 인해 有益(유익)한 정보를 많이 얻을 수 있습니다.
- 國益(국익) : 국가의 이익. (國:나라 국)
  - 國益(국익)을 위해 모두가 열심히 일하고 있습니다.

往往往往往往往往						益益益益益益益益益益					
往	往					益	益				
갈 왕	갈 왕					더할 익	더할 익				

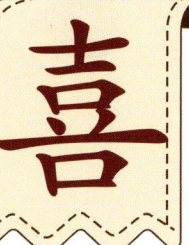 **기쁠 희**

口부 9획 (총12획)

喜 中 xǐ

 악기 세워놓고(壴) 연주하며 입(口)으로 노래하면 기쁘니 '기쁠 희'
+ 壴(악기 세울 주), 口(입 구)

- **喜**怒愛樂(희로애락) : 기쁨·노여움·슬픔·즐거움 따위의 사람의 온갖 감정. (怒:성낼 로, 愛:사랑 애, 樂:즐길 락)
  – 가족끼리는 **喜**怒愛樂(희로애락)을 함께해야 합니다.

- **喜**色(희색) : 기뻐하는 얼굴빛. (色:빛 색)
  – 민호는 한자 경시 대회에서 상을 받아 얼굴에 **喜**色(희색)이 가득합니다.

 **성낼 로(노)**

心부 5획 (총9획)

怒 中 nù

 일이 힘든 종(奴)의 성난 마음(心)이니 '성낼 로'
+ 奴(종 노), 心(마음 심)

- **怒**氣(노기) : 노여운 얼굴 빛. (氣:기운 기)
  – 할아버지는 화가 나서서 얼굴에 **怒**氣(노기)를 띠었습니다.

- **怒**發大發(노발대발) : 어른이 매우 화를 내는 것. (發:필 발, 大:큰 대)
  – 아버지께서는 언니가 밤늦게 들어왔다고 **怒**發大發(노발대발)하셨습니다.

喜 喜 喜 喜 喜 喜 喜 喜 喜 喜 喜 喜					怒 怒 怒 怒 怒 怒 怒 怒 怒				
喜	喜				怒	怒			
기쁠 희	기쁠 희				성낼 로	성낼 로			

수행평가

🐤 다음 한자(漢字)의 훈(訓)과 음(音)을 찾아 그 번호를 쓰시오.

1. 財 (   )   ① 섬 도   ② 재물 재   ③ 나라 한   ④ 더할 익
2. 怒 (   )   ① 성낼 로   ② 기쁠 희   ③ 다할 극   ④ 갈 왕

🐤 다음의 훈(訓)과 음(音)에 맞는 한자(漢字)를 찾아 그 번호를 쓰시오.

3. 더할 익 (   )   ① 島   ② 閉   ③ 益   ④ 半
4. 다할 극 (   )   ① 極   ② 往   ③ 敗   ④ 喜

🐤 다음의 뜻에 맞는 한자어(漢字語)를 고르시오.

5. 더할 수 없는 정도 (   )   ① 極光   ② 極口   ③ 極上   ④ 極度
6. 이익이 됨 (   )   ① 有益   ② 國益   ③ 無益   ④ 益鳥
7. 돈과 값나가는 물건 (   )   ① 財數   ② 財物   ③ 財政   ④ 財界

🐤 다음 글을 읽고 한자어(漢字語)의 독음(讀音)을 쓰시오.

8. 신라 때 장보고는 당나라와 뱃길로 往來(   )하였습니다.

🐤 다음 글을 읽고 물음에 답하시오.

9. 다음 중 '喜'와 음(音)이 같은 한자(漢字)를 고르시오.   (   )
   ① 往   ② 益   ③ 希   ④ 怒

10. 다음 중 '往'과 음(音)이 같은 한자(漢字)를 고르시오.   (   )
    ① 住   ② 王   ③ 韓   ④ 島

착한 선비와 불량 선비 3. 불량 선비의 하루

友 벗 우

又부 2획 (총4획)

友 中 yǒu

 友

손(ナ)과 손(又)을 잡으니 '벗 우'
+ ナ(오른손 우, 또 우(又)의 변형)

- 友愛(우애) : 형제간의 사랑. (愛:사랑 애)
  - 진수네는 형제간의 友愛(우애)가 남다릅니다.

- 友情(우정) : 친구 사이의 정. (情:뜻 정)
  - 참다운 友情(우정)은 믿음에서 싹틉니다.

改 고칠 개

攵(攴)부 3획 (총7획)

改 中 gǎi

자기(己)를 치면서(攵) 허물을 고치니 '고칠 개'
+ 己(몸 기, 자기 기), 攵(칠 복)

- 改名(개명) : 이름을 바꿈. (名:이름 명)
  - 영수는 초등학교에 들어와서 改名(개명)을 하였습니다.

- 改善(개선) : 부족하거나 잘못된 것을 고쳐서 더 좋게 만듦. (善:착할 선)
  - 생활 환경이 나날이 改善(개선)되고 있습니다.

友友友友				改改改改改改改						
友	友			改	改					
벗 우	벗 우			고칠 개	고칠 개					

3. 불량 선비의 하루 47

수행평가

🐤 **다음 한자(漢字)의 훈(訓)과 음(音)을 찾아 그 번호를 쓰시오.**

1. 友 (   )   ① 갈 왕   ② 반 반   ③ 벗 우   ④ 섬 도
2. 改 (   )   ① 고칠 개   ② 재물 재   ③ 닫을 폐   ④ 다할 극

🐤 **다음의 훈(訓)과 음(音)에 맞는 한자(漢字)를 찾아 그 번호를 쓰시오.**

3. 고칠 개 (   )   ① 怒   ② 喜   ③ 改   ④ 往
4. 벗 우 (   )   ① 反   ② 益   ③ 改   ④ 友

🐤 **다음의 뜻에 맞는 한자어(漢字語)를 고르시오.**

5. 좋게 고침   (   )   ① 改良   ② 改名   ③ 改書   ④ 改心
6. 이름을 고침   (   )   ① 改善   ② 改良   ③ 改正   ④ 改名
7. 친구 사이의 정 (   )   ① 友人   ② 友情   ③ 友好   ④ 交友

🐤 **다음 글을 읽고 한자어(漢字語)의 독음(讀音)을 쓰시오.**

8. 형제 사이에는 友愛(   )가 있어야 합니다.

🐤 **다음 글을 읽고 물음에 답하시오.**

9. 다음 중 '友'와 음(音)이 같은 한자(漢字)를 고르시오.   (   )
   ① 雨   ② 往   ③ 半   ④ 島

10. 다음 □ 안에 공통으로 들어갈 수 있는 한자(漢字)를 고르시오.

    □名, □正, □善   (   )
    ① 往   ② 改   ③ 喜   ④ 益

단원평가

🐦 다음 한자(漢字)의 훈(訓)과 음(音)을 쓰시오.

1. ① 往 (   )   ② 極 (   )

🐦 다음 한자어(漢字語)의 음(音)과 뜻을 찾아 줄로 이으시오.

2. 往年 •   • ① 반분 •   • ㉠ 고쳐서 더 좋게 함.
3. 半分 •   • ② 왕년 •   • ㉡ 지나간 해
4. 改良 •   • ③ 개량 •   • ㉢ 절반으로 나눔.

🐦 다음 글을 읽고 물음에 답하시오.

5. 다음 한자(漢字)의 독음(讀音)이 서로 다른 것을 고르시오.   (   )
   ① 半 - 反   ② 島 - 度   ③ 友 - 右   ④ 往 - 去

6. 다음 중 뜻이 서로 상대되는 것끼리 짝지어진 것을 고르시오.   (   )
   ① 有益   ② 開閉   ③ 半分   ④ 韓國

7. 다음 중 뜻이 서로 비슷한 것끼리 짝지어진 것을 고르시오.   (   )
   ① 情意   ② 往來   ③ 友情   ④ 改善

8. 다음 중 '友'와 음(音)이 같은 한자(漢字)를 고르시오.   (   )
   ① 左   ② 閉   ③ 右   ④ 根

🐦 다음의 어원(語原)에 해당하는 한자(漢字)를 고르시오.

9. 문에 빗장을 끼운 모습. (   )
   ① 間   ② 問   ③ 閉   ④ 門

10. 새가 앉을 수 있는 산. (   )
    ① 鳥   ② 島   ③ 改   ④ 往

3. 불량 선비의 하루 49

한자 퍼즐 놀이

아래의 설명을 읽고 해당하는 한자(漢字)를 빈 칸에 써서 퍼즐을 완성해 봅시다.

② 삼면이 바다로 둘러싸인 우리나라 국토 전체를 이르는 말.
④ 남을 생각하고 도와주는 따뜻한 마음시, □□이 많은 사람.
⑤ 가장 좋거나 훌륭한 것. 공부는 꾸준히 노력하는 것이 □□이다.
⑨ 사람의 온갖 감정. 기쁨과 노여움과 슬픔과 즐거움.
⑩ 본래의 색깔, 본래의 성질.

① 우리나라의 이름.
③ 사람이 살지 않는 섬.
⑥ 착함과 악함.
⑦ 크게 성냄. 몹시 화가 남.
⑧ 여러 가지 감정을 음으로 나타내는 예술. □□시간에 노래를 부르다.
⑨ 기뻐하는 얼굴빛, 얼굴에 □□이 돈다.

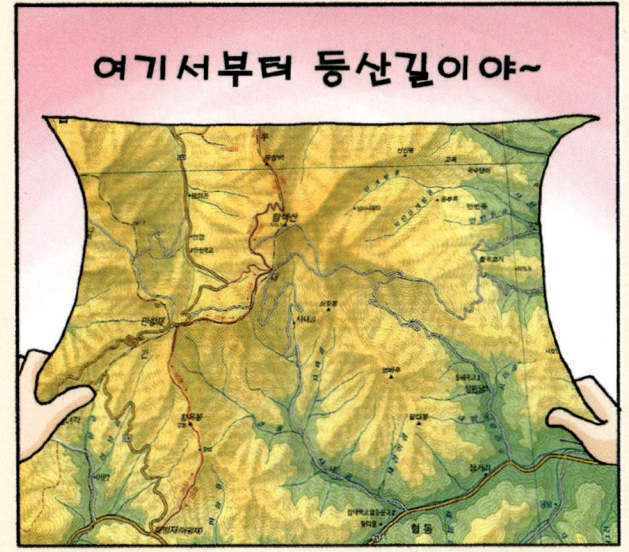

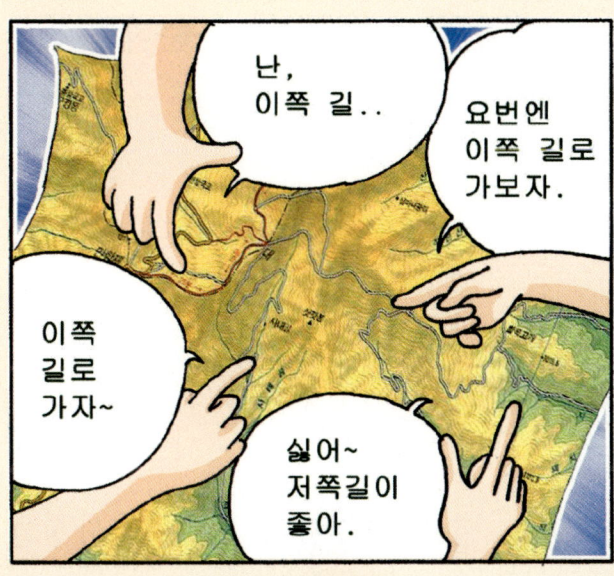

4 불량 선비의 제사

- 매매, 제조 등의 한자어 및 이야기 관련 한자를 공부해 봅시다.
- 자신의 잘못을 깨달은 불량 선비의 마음을 알아봅시다.

그러다 선친의 제삿날이 돌아왔습니다. 제수 용품을 求(구)할 도리가 없는 부인의 얼굴에는 슬픈[悲(비)] 표정이 가득하였습니다. 이를 본 선비는 "걱정말고 머리 빗고 상 위에 냉수 한 그릇 떠 놓고 있으시오." 하며 快(쾌)히 말하는 것입니다. 부인은 남편이 能力(능력)껏 제수용품을 준비하여 오기를 바라며 시키는 대로 준비를 하고 기다렸습니다.

능력 : 감당할 수 있는 힘

선비는 이웃집 친구에게 가서 황소 한 마리를 빌려달라고 했습니다. 그러나 친구는 선비가 술을 마실 돈이 없자 자신의 소를 시장에 賣買(매매)하려는 不良(불량)한 생각을 하는 줄 알았습니다. 선비가 사정을 하고 絶交(절교) 선언도 했지만 소를 빌려 주려 하지 않았습니다. 다른 친구를 찾아가도 마찬가지였습니다. 별다른 所得(소득)없이 빈손으로 돌아 온 선비는 마음으로 크게 느끼는 바가 있었습니다. 냉수 한 그릇 떠 놓은 제삿상에 슬픈 마음으로 절을 합니다.

매매 : 팔고 사는 일
불량 : 질이나 상태가 좋지 않음
절교 : 서로 사귐을 끊음
소득 : 어떤 일의 결과로 얻는 이익

"유세차*, 요사이 아버님 어떠하신지요. 아버님 입맛대로 드시도록 제삿상을 보았습니다. 이웃의 소를 제삿상에 올리니 고기는 불고기를 해 잡수시고, 뼈는 푹 고아서 곰탕을 해 드십시오. 생선은 동정호에 가서 잡수시고, 채소는 보성 시장으로 가십시오. 감은 상주로, 배는 삼랑진이나 김해 대저면으로 가시고, 술은 양조장에 가셔서 맛있게 製造(제조)해 놓은 것을 드십시오."

제조 : 원료를 가공하여 물건을 만드는 것

지난 세월, 자신의 행동을 깊이 뉘우치며 말도 되지 않는 축문을 목메어 읊었습니다. 이후 선비는 完全(완전)히 마음을 돌려 열심히 공부하여 과거에 급제하였고, 자신의 잘못을 거울 삼아 후학들을 열심히 가르쳤습니다.

완전 : 모자란 것이나 흠이 없이 모든 것이 다 갖추어져 있는 것

* 유세차 : '이해의 차례는'이라는 뜻으로, 제문(祭文)의 첫머리에 관용적으로 쓰는 말.

새로 배우는 한자

求	悲	快	能	賣	買
구할 **구**	슬플 **비**	상쾌할 **쾌**	능할 **능**	팔 **매**	살 **매**
良	絶	得	製	造	完
좋을 **량(양)**	끊을 **절**	얻을 **득**	지을 **제**	지을 **조**	완전할 **완**

이미 배운 한자

力	不	交	所	全
힘 **력**	아닐 **불**	사귈 **교**	바 **소**	온전할 **전**

4. 불량 선비의 제사

求 구할 구

水부 2획 (총7획)

求 中 qiú

求 → 求 → 求

한(一) 방울(丶)의 물(水)이라도 구하니 '구할 구'
+ 丶(점 주), 氺 = 水(물 수)

- 要求(요구) : 필요하여 달라고 청함. (要:중요할 요)
  – 납치범들이 인질을 잡고 많은 돈을 要求(요구)하였습니다.
- 求人(구인) : 일할 사람을 구함. (人:사람 인)
  – 求人(구인) 광고를 보고 많은 사람들이 몰려 들었습니다.

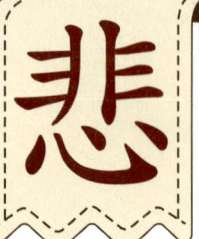

悲 슬플 비

心부 8획 (총12획)

悲 中 bēi

→ 非
→ 心   悲

아니(非)된다고 느끼는 마음(心)이니 '슬플 비'
+ 非(어긋날 비, 아닐 비, 나무랄 비), 心(마음 심)

- 悲運(비운) : 슬픈 운수. (運:운수 운, 옮길 운)
  – 지운이는 이번에 悲運(비운)의 여주인공역을 맡았습니다.
- 悲歌(비가) : 슬픈 노래. (歌:노래 가)
  – 레코드 가게에서 들려오는 悲歌(비가)에 마음이 울적했습니다.

求 求 求 求 求 求 求					悲 悲 悲 悲 悲 悲 悲 悲 悲 悲 悲 悲					
求	求				悲	悲				
구할 구	구할 구				슬플 비	슬플 비				

4. 불량 선비의 제사

 상쾌할 **쾌**

心부 3획 (총7획)

快 ㊥ kuài

막혔던 마음(忄)이 터지니(夬) '쾌할 쾌'
╋ 忄 = 心(마음 심), 夬(터질 쾌)

- **快**活(쾌활) : 씩씩하고 활발함. (活:살 활)
  - 내 친구 영호는 성격이 **快**活(쾌활)합니다.
- 輕**快**(경쾌) : 몸이 거뜬하고 유쾌함. (輕:가벼울 경)
  - 나는 輕**快**(경쾌)한 음악을 좋아합니다.

 능할 **능**

肉(月)부 6획 (총10획)

能 ㊥ néng

곰은 주둥이(厶)와 몸뚱이(月), 네 발(ヒ)로 재주 부림이 능하니 '능할 능'
╋ 厶(사사로울 사), 月(달 월, 육달 월), ヒ(비수 비)

- **能**力(능력) : 감당할 수 있는 힘. (力:힘 력)
  - **能**力(능력)이 뛰어난 사람은 어디서나 인정받습니다.
- 才**能**(재능) : 재주와 능력. (才:재주 재)
  - 찬호는 축구 선수로서의 才**能**(재능)이 뛰어난 아이입니다.

快快快快快快快						能能能能能能能能能						
快	快					能	能					
상쾌할 쾌	상쾌할 쾌					능할 능	능할 능					

수행평가

다음 한자(漢字)의 훈(訓)과 음(音)을 찾아 그 번호를 쓰시오.

1. 能 (　　) ① 구할 구　② 능할 능　③ 슬플 비　④ 쾌활할 쾌
2. 悲 (　　) ① 슬플 비　② 뿌리 근　③ 잃을 실　④ 기쁠 희

다음의 훈(訓)과 음(音)에 맞는 한자(漢字)를 찾아 그 번호를 쓰시오.

3. 상쾌할 쾌 (　　) ① 悲　② 能　③ 快　④ 求
4. 구할 구 (　　) ① 可　② 求　③ 限　④ 洗

다음의 뜻에 맞는 한자어(漢字語)를 고르시오.

5. 일할 사람을 구함　(　　) ① 求道　② 求婚　③ 求人　④ 要求
6. 슬픈 노래　(　　) ① 悲報　② 喜悲　③ 悲風　④ 悲歌
7. 씩씩하고 활발함　(　　) ① 快活　② 快美　③ 快子　④ 快男

다음 글을 읽고 한자어(漢字語)의 독음(讀音)을 쓰시오.

8. 자기가 가진 能力(　　)을 키워야 합니다.

다음 글을 읽고 물음에 답하시오.

9. 다음 중 '求'와 음(音)이 같은 한자(漢字)를 고르시오.　(　　)
　① 水　② 九　③ 快　④ 可

10. 다음 중 한자(漢字)의 음(音)이 다른 하나를 고르시오.　(　　)
　① 口　② 求　③ 究　④ 悲

 팔 매

貝부 8획 (총15획)

卖 中 mài

가난한 선비(士)는 사는(買) 것보다 팔아먹는 물건이 더 많으니 '팔 매'
+ 士(선비 사), 買(살 매)

- 賣場(매장) : 물건을 파는 현장. (場:마당 장)
  – 할인 賣場(매장)에는 항상 사람들로 붐빕니다.

- 賣出(매출) : 가게나 회사에서 물건을 파는 일. (出:날 출)
  – 아버지께서는 회사의 賣出(매출)이 늘어 보너스를 받으셨습니다.

 살 매

貝부 5획 (총12획)

买 中 mǎi

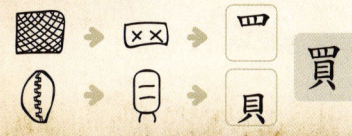

그물(罒)로 재물(貝)을 덮음은 물건을 사서 싸는 것이니 '살 매'
+ 罒(그물 망), 貝(조개 패, 재물 패)

- 賣買(매매) : 팔고 사는 일. (賣:팔 매)
  – 요즈음은 부동산의 賣買(매매)가 잘 이루어지지 않는다고 합니다.

- 不買(불매) : 사지 않음. (不:아니 불)
  – 불량식품을 만드는 회사의 제품은 不買(불매) 운동을 합시다.

 좋을 량(양)

艮부 1획 (총7획)

良 　中 liáng　　동의어 好(좋을 호)

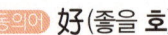 (풍구로 곡식을 정선하면 좋으니) 풍구로 정선하는 모양을 본떠서 '좋을 량', '어질 량'

- 良書(양서) : 좋은 책. (書:글 서)
  - 선생님께서 우리들이 읽어야 할 良書(양서)를 추천해 주셨습니다.

- 不良(불량) : 질이나 상태가 좋지 않음. (不:아니 불)
  - 길거리에서 파는 不良(불량)식품을 사먹지 맙시다.

 끊을 절

糸부 6획 (총12획)

绝　中 jué

실(糸)을 칼(刀)로 뱀(巴) 자르듯 끊으니 '끊을 절'
+ 糸(실 사), 刀(칼 도), 巴(뱀 파)

- 絕交(절교) : 서로 사귐을 끊음. (交:사귈 교)
  - 나는 오늘부터 진수와 絕交(절교)하기로 마음먹었습니다.

- 絕望(절망) : 모든 희망이 없어짐. (望:바랄 망)
  - 선생님께서는 絕望(절망)에 빠진 저에게 희망을 주셨습니다.

良良良良良良良	絕絕絕絕絕絕絕絕絕絕絕絕
良　良	絕　絕
좋을 량　좋을 량	끊을 절　끊을 절

 얻을 득

亻부 8획 (총11획)

得 中 dé, de, děi

걸어가(亻) 아침(旦)부터 법도(寸)에 맞게 일하면 무엇이나 얻으니 '얻을 득'
+ 亻(조금 걸을 척), 旦(아침 단), 寸(법도 촌, 마디 촌)

- 說得(설득) : 이치를 설명하여 납득시킴. (說:말씀 설)
  - 도저히 할아버지를 說得(설득)할 자신이 없습니다.

- 所得(소득) : 어떤 일의 결과로 얻는 이익. (所:바 소)
  - 빈곤층과 부유층의 所得(소득) 격차가 점점 더 심해지고 있습니다.

 지을 제

衣부 8획 (총14획)

制 中 zhì

제도(制)에 따라 옷(衣)을 지으니 '지을 제', '만들 제'
+ 制(제도 제), 衣(옷 의)

- 製品(제품) : 원료를 가공해 만든 물건. (品:물건 품)
  - 우리 회사 製品(제품)에 대하여 홍보를 하고 있습니다.

- 製藥(제약) : 약품을 제조함. (藥:약 약)
  - 어제는 삼촌의 製藥(제약)회사를 견학하였습니다.

得得得得得得得得得得得				製製製製製製製製製製製製製製			
得	得			製	製		
얻을 득	얻을 득			지을 제	지을 제		

4. 불량 선비의 제사

수행평가

🐤 다음 한자(漢字)의 훈(訓)과 음(音)을 찾아 그 번호를 쓰시오.

1. 良 (   )　① 슬플 비　② 구할 구　③ 좋을 량　④ 지을 제
2. 得 (   )　① 얻을 득　② 끊을 절　③ 팔 매　④ 쾌활할 쾌

🐤 다음의 훈(訓)과 음(音)에 맞는 한자(漢字)를 찾아 그 번호를 쓰시오.

3. 끊을 절 (   )　① 快　② 能　③ 求　④ 絶
4. 살 매　 (   )　① 買　② 賣　③ 良　④ 得

🐤 다음의 뜻에 맞는 한자어(漢字語)를 고르시오.

5. 질이나 상태가 좋지 않음 (   )　① 改良　② 不良　③ 良好　④ 良民
6. 희망이 끊어짐 (   )　① 絶好　② 絶品　③ 絶望　④ 根絶
7. 원료를 가공해 만든 물건 (   )　① 製作　② 製品　③ 製本　④ 製圖

🐤 다음 글을 읽고 한자어(漢字語)의 독음(讀音)을 쓰시오.

8. "한번만 더 바보라고 놀리면 그때는 너랑 絶交(　　　) 할거야."

🐤 다음 글을 읽고 물음에 답하시오.

9. 다음 중 '製'와 음(音)이 같은 한자(漢字)를 고르시오.　(　　)
   ① 良　② 告　③ 道　④ 弟

10. 다음 □ 안에 공통으로 들어갈 수 있는 한자(漢字)를 고르시오.

　　　不□, □好, □書　　　(　　)

① 絶　② 良　③ 求　④ 得

 **지을 조**
辶(辶)부 7획 (총11획)
造 中 zào

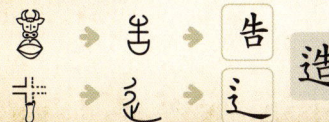 계획을 알리고(告) 가서(辶) 지으니 '지을 조'
+ 告(알릴 고), 辶(갈 착, 뛸 착)

- 木造(목조) : 나무로 만듦. (木:나무 목)
  – 우리집은 오래된 **木造(목조)**건물입니다.

- 製造(제조) : 원료를 가공하여 물건을 만드는 것. (製:지을 제)
  – 우리나라 전자 제품의 **製造(제조)** 기술은 세계적으로도 상당히 높은 수준에 있습니다.

 **완전할 완**
宀부 4획 (총7획)
完 中 wán

집(宀)을 으뜸(元)으로 잘 지으면 모든 것이 갖추어져 완전하니 '완전할 완'
+ 宀(집 면), 元(으뜸 원, 원래 원)

- 完全(완전) : 모자란 것이나 흠이 없이 모든 것이 다 갖추어져 있는 것. (全:온전할 전)
  – 나는 맡은 일을 **完全(완전)**하게 수행하였습니다.

- 完勝(완승) : 완전히 승리함. (勝:이길 승)
  – 이번 축구시합에서 우리 팀이 **完勝(완승)**을 거두었습니다.

造造造造造造造造造造造	完完完完完完完
造 造	完 完
지을 조 지을 조	완전할 완 완전할 완

수행평가

🐦 다음 한자(漢字)의 훈(訓)과 음(音)을 찾아 그 번호를 쓰시오.

1. 造 (   )   ① 지을 제   ② 좋을 량   ③ 지을 조   ④ 구할 구
2. 完 (   )   ① 얻을 득   ② 살 매   ③ 완전할 완 ④ 지을 조

🐦 다음의 훈(訓)과 음(音)에 맞는 한자(漢字)를 찾아 그 번호를 쓰시오.

3. 완전할 완 (   )   ① 完   ② 悲   ③ 賣   ④ 得
4. 지을 조   (   )   ① 能   ② 造   ③ 製   ④ 良

🐦 다음의 뜻에 맞는 한자어(漢字語)를 고르시오.

5. 나무를 심어 숲을 만듦 (   )   ① 造成   ② 造林   ③ 造化   ④ 製造
6. 나무로 만듦 (   )   ① 造形   ② 木造   ③ 製品   ④ 造語
7. 모두 다 이룸 (   )   ① 完敗   ② 完全   ③ 完快   ④ 完成

🐦 다음 글을 읽고 한자어(漢字語)의 독음(讀音)을 쓰시오.

8. 벌집은 거의 完全(   )에 가까운 기하학적 미를 갖추고 있습니다.

🐦 다음 글을 읽고 물음에 답하시오.

9. 다음 중 '造'와 음(音)이 같은 한자(漢字)를 고르시오.   (   )
   ① 朝   ② 良   ③ 得   ④ 買

10. 다음 □ 안에 공통으로 들어갈 수 있는 한자(漢字)를 고르시오.
    □形, □成, □林   (   )
    ① 能   ② 良   ③ 造   ④ 完

다음 한자(漢字)의 훈(訓)과 음(音)을 쓰시오.

1. ① 快 (　　　　　)　　② 買 (　　　　　)

다음의 뜻에 맞는 사자성어(四字成語)를 〈보기〉에서 찾아 그 번호를 쓰시오.

보기　① 右往左往　② 有口無言　③ 有備無患

2. 미리 준비하면 근심이 없음. - (　　　)

3. 이리저리 오락가락하며 망설임. - (　　　)

다음 글을 읽고 물음에 답하시오.

4. 다음 한자(漢字)의 독음(讀音)이 서로 다른 것을 고르시오. (　　　)
   ① 妹　② 買　③ 能　④ 賣

5. 다음 중 뜻이 서로 상대되는 것끼리 짝지어진 것을 고르시오. (　　　)
   ① 完全　② 賣買　③ 快活　④ 求人

6. 다음 중 뜻이 서로 비슷한 것끼리 짝지어진 한자어(漢字語)를 고르시오. (　　　)
   ① 能力　② 良好　③ 得失　④ 品質

7. 다음 중 '製'와 음(音)이 같은 한자(漢字)를 고르시오. (　　　)
   ① 貧　② 買　③ 弟　④ 得

8. 다음 중 '良'과 어울리는 한자(漢字)를 고르시오. (　　　)
   ① 書　② 談　③ 島　④ 觀

다음의 어원(語原)에 해당하는 한자(漢字)를 고르시오.

9. 집을 으뜸으로 잘 지으면 모든 것이 갖추어져 완전함. (　　　)
   ① 良　② 求　③ 告　④ 完

10. 다음 (　)안에 공통으로 들어갈 수 있는 한자(漢字)를 고르시오. (　　　)

   보기　(　)力,　(　)動,　(　)事

   ① 得　② 求　③ 能　④ 買

같은 음 다른 뜻

왼쪽에 있는 한자카드의 음(音)과 같은 음(音)을 가진 한자(漢字)를 연결하고, 독음(讀音)을 찾아 줄로 이어 봅시다.

非 • • 第 • 제

賣 • • 悲 • 비

製 • • 早 • 매

造 • • 買 • 조

多多益善

많을 다 많을 다 더할 익 좋을 선

많으면 많을수록 더욱 좋음

공주님의 생일잔치

QR을 찍으면 구연동화로 재생 됩니다.

- '공주님의 생일잔치' 이야기와 관련한 한자를 공부해 봅시다.
- 좌의정 부인의 행동에서 본받을 점을 말하여 봅시다.

조선 시대 인조 임금때의 이야기입니다.

공주님의 생일잔치에 度(도)가 지나칠 정도로 화려한 치장을 한 부인들이 궁궐로 모여 들었습니다.

그런데 막 잔치가 시작될 무렵이었습니다.

"어머, 저 사람 좀 보세요. 저런 촌스러운 차림을 하고 잔치에 오다니……"

양반댁 부인들은 화려한 자신들의 차림에 比(비)하여 갓 목욕[浴(욕)]을 하고 나온 듯 깔끔하지만 너무 수수한 차림을 하고 나타난 부인을 보았습니다. 바로 그때였습니다. 공주님이 벌떡 일어나 부인의 손을 잡으며 반갑게 맞이하며 客席(객석)으로 안내하였습니다. 오랜만에 만난 부인들은 그동안 벌어들인 收入(수입)에 대하여 자랑하며 수다를 떨었습니다. 그러나 수수한 차림의 부인은 미소를 머금고 조용히 앉아 있었습니다.

객석 : 손님이 앉는 자리
수입 : 어떤 일을 함으로써 벌어 들이는 돈이나 물건

잔치가 시작되자 공주님이 참가한 손님들을 呼名(호명)하며 소개하였습니다.
호명 : 공식적으로 이름을 부름

다. 수수한 옷차림을 한 부인은 좌의정 부인으로 부모님에 대한 효성이 높고, 항상 검소한 생활로 이웃의 모범이 되며, 創意(창의)적인 우수한 문장가였습니다.
창의 : 새로운 생각이나 의견을 생각하여 냄

다. 오늘 옷차림은 생일잔치 예절에 맞게 수수한 固有(고유) 한복을 입은 것
고유 : 본디부터 있음

입니다. 이러한 經過(경과)를 듣고 다른 부인들은 부끄러움을 느끼고 고개를
경과 : 시간이 지나감

숙였습니다.

이후 부인들은 어려운 점이 있으면 좌의정 부인에게 質問(질문)하고 해결
질문 : 모르거나 의문이 있는것을 물음

하였습니다. 그때마다 效果的(효과적)인 해결 방법을 제시
효과적 : 어떤 일을 하여 좋은 결과가 있는 것

하여 주었습니다. 부인들이 이렇게 화목

함으로서, 조정대신들도 나라

를 統治(통치)하는 데 단
통치 : 나라나 도시를 다스림

합하여 열심히 할 수 있

었습니다.

| 度 | 比 | 浴 | 客 | 收 | 呼 |
| 법도 도, 헤아릴 탁 | 견줄 비 | 목욕할 욕 | 손님 객 | 거둘 수 | 부를 호 |

| 創 | 固 | 經 | 質 | 效 | 統 |
| 시작할 창 | 굳을 고 | 경서 경 | 바탕 질 | 효험 효 | 거느릴 통 |

| 席 | 入 | 名 | 意 | 有 | 過 | 問 | 果 | 的 | 治 |
| 자리 석 | 들 입 | 이름 명 | 뜻 의 | 있을 유 | 지날 과 | 물을 문 | 열매 과 | 과녁 적 | 다스릴 치 |

 법도 **도**, 헤아릴 **탁**

广부 6획 (총9획)

度 中 dù, duó

 度

여러(产)사람이 손(又)으로 법도에 따라 정도를 헤아리니
'법도 도', '정도 탁', '헤아릴 탁'
+ 产 [여러 서(庶)의 획 줄임], 又(오른손 우, 또 우)

- 強度(강도) : 강렬한 정도. (強:굳셀 강)
  – 시합 전에는 선수들의 훈련 強度(강도)가 더욱 높아집니다.

- 法度(법도) : 법률과 제도. (法:법 법)
  – 아버지께서는 法度(법도)에 어긋나는 일은 절대 하지 않으십니다.

 견줄 **비**

比부 0획 (총4획)

比 中 bǐ

두 사람을 나란히 앉혀놓고 견주니 '견줄 비'
+ 匕('비수 비'이나 여기서는 앉은 모습으로 봄)

- 對比(대비) : 서로 맞대어 비교함. (對:마주볼 대, 대답할 대)
  – 작년과 對比(대비)하여 올해는 물가가 많이 올랐습니다.

- 比等(비등) : 서로 엇비슷함. (等:등급 등, 무리 등, 같을 등)
  – 우리 국민의 문화 수준도 이제는 선진국과 比等(비등)해졌습니다.

度度度度度度度度度				比比比比			
度	度			比	比		
법도 도	법도 도			견줄 비	견줄 비		

공주님의 생일잔치

浴 목욕할 욕

氵(水)부 7획 (총10획)

浴 中 yù

(목욕탕이 없었던 옛날에는) 물(氵)흐르는 골짜기(谷)에서 목욕했으니 '목욕할 욕'
+ 氵= 水(물 수), 谷(골 곡)

뜻 활용

- 浴室(욕실) : 목욕 설비가 있는 방. (室:집 실)
  - 浴室(욕실)에서 미끄러져 다리를 다쳤습니다.

- 日光浴(일광욕) : 온 몸에 햇볕을 쬐는 일. (日:날 일, 光:빛 광)
  - 우리는 바닷가에서 日光浴(일광욕)을 즐겼습니다.

客 손님 객

宀부 6획 (총9획)

客 中 kè 　반의어 主(주인 주)

집(宀)에 온 각각(各) 다른 사람들이니 '손님 객'
+ 宀(집 면), 各(각각 각)

뜻 활용

- 客席(객석) : 손님이 앉는 자리. (席:자리 석)
  - 공연이 끝나자 客席(객석)의 청중들은 큰 박수를 보냈습니다.

- 客室(객실) : 손님이 거처하는 방. (室:집 실)
  - 휴가철에는 관광지의 客室(객실)이 모두 꽉 찹니다.

浴浴浴浴浴浴浴浴浴浴	客客客客客客客客客
浴 浴	客 客
목욕할 욕　목욕할 욕	손님 객　손님 객

수행평가

🐥 다음 한자(漢字)의 훈(訓)과 음(音)을 찾아 그 번호를 쓰시오.

1. 比 (   )   ① 견줄 비 ② 목욕할 욕 ③ 법도 도 ④ 북녘 북
2. 客 (   )   ① 옳을 가 ② 손님 객 ③ 항상 상 ④ 성품 성

🐥 다음의 훈(訓)과 음(音)에 맞는 한자(漢字)를 찾아 그 번호를 쓰시오.

3. 목욕할 욕 (   ) ① 比 ② 客 ③ 度 ④ 浴
4. 법도 도   (   ) ① 失 ② 洗 ③ 度 ④ 報

🐥 다음의 뜻에 맞는 한자어(漢字語)를 고르시오.

5. 법률과 제도   (   ) ① 強度 ② 法度 ③ 度數 ④ 度支
6. 서로 맞대어 비교함 (   ) ① 對比 ② 比等 ③ 非常 ④ 比重
7. 목욕하는 설비가 되어 있는 방 (   ) ① 室內 ② 家口 ③ 室家 ④ 浴室

🐥 다음 글을 읽고 한자어(漢字語)의 독음(讀音)을 쓰시오.

8. 客席(   )에 앉아서 연극을 보았습니다.

🐥 다음 글을 읽고 물음에 답하시오.

9. 다음 중 '度'와 음(音)이 같은 한자(漢字)를 고르시오.   (   )
   ① 鳥   ② 島   ③ 富   ④ 改

10. 다음 □ 안에 공통으로 들어갈 수 있는 한자(漢字)를 고르시오.
    角□, 年□, 限□   (   )
    ① 客   ② 比   ③ 度   ④ 浴

收 거둘 수

攴(攵)부 2획 (총6획)

收 中 shōu

열매가 얽힌(丩) 줄기를 쳐서(攵) 거두니 '거둘 수'
+ 丩(얽힐 규), 攵(칠 복)

- 秋收(추수) : 가을걷이. (秋:가을 추)
  - 농부들은 秋收(추수)할 때 가장 행복합니다.
- 收入(수입) : 어떤 일을 함으로써 벌어 들이는 돈이나 물건. (入:들 입)
  - 어머니는 收入(수입)의 반을 저축하고 계십니다.

呼 부를 호

口부 5획 (총8획)

呼 中 hū

입(口)으로 호(乎)하고 입김이 나도록 부르니 '부를 호'
+ 口(입 구), 乎(어조사 호)

- 呼名(호명) : 모인 자리에서 이름을 부름. (名:이름 명)
  - 선생님께서 체육대회에 나갈 우리반 대표선수를 呼名(호명)하셨습니다.
- 呼出(호출) : 연락하여 불러내는 것. (出:날 출)
  - 응급실에서의 呼出(호출)에 의사선생님께서 급히 뛰어 가십니다.

收收收收收收						呼呼呼呼呼呼呼呼						
收	收					呼	呼					
거둘 수	거둘 수					부를 호	부를 호					

시작할 창

刂(刀)부 10획 (총12획)

创　中 chuàng

창고(倉) 짓는 일은 칼(刂)로 재목 자르는 데에서 비롯하여 시작하니 '시작할 창'
+ 倉(창고 창), 刂 = 刀(칼 도)

- 創意(창의) : 처음으로 생각해 내는 것. (意:뜻 의)
  - 다양한 체험 학습은 創意(창의)력을 기르는데 도움이 됩니다.

- 創立(창립) : 처음으로 세움. (立:설 립)
  - 오늘은 아버지 회사의 創立(창립)기념일이라 집에서 쉬십니다.

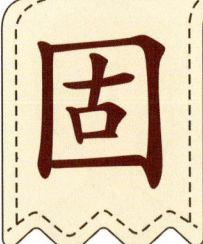

굳을 고

口부 5획 (총8획)

固　中 gù

어떤 부분(口)이 오래(古)되면 굳어지니 '굳을 고'
+ 口(에울 위), 古(오랠 고, 옛 고)

- 固定(고정) : 한 곳에 꼭 붙어 있거나 박혀 있음. (定:정할 정)
  - 벽에 액자를 걸 때에는 확실하게 固定(고정)시켜야 합니다.

- 固有(고유) : 본디부터 있음. (有:있을 유)
  - 윷놀이는 우리나라 固有(고유)의 민속놀이입니다.

創創創創創創創倉倉創創										固固冂冂囝囼固固							
創	創									固	固					
시작할 창	시작할 창									굳을 고	굳을 고					

經 경서 경

糸부 7획 (총13획)

经 中 jīng

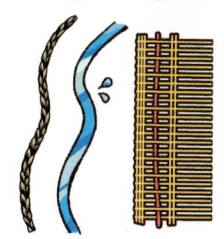

실(糸)이 물줄기(巠)처럼 길게 늘어지니 '지낼 경', 또 베를 짤 때 날줄이 기본이듯이 사람 사는 기본을 적어놓은 책이니 '경서 경' + 糸(실 사), 巠(물줄기 경)

- 經由(경유) : 거쳐서 지나감. (由:말미암을 유)
  - 서울에서 출발한 후 대전을 經由(경유)하여 부산에 갑니다.

- 經過(경과) : 때나 시간이 지나감. (過:지날 과)
  - 삼촌은 수술 經過(경과)가 좋아서 일찍 퇴원하셨습니다.

質 바탕 질

貝부 8획 (총15획)

质 中 zhì

도끼(斤)와 도끼(斤)로 재물(貝)을 나누면 바탕이 드러나니 '바탕 질'
+ 斤(도끼 근), 貝(조개 패)

- 質問(질문) : 의문이나 이유를 캐물음. (問:물을 문)
  - 선생님의 質問(질문)에 아이들이 각각 대답했습니다.

- 品質(품질) : 물건의 성질. (品:물건 품)
  - 品質(품질)이 좋은 제품을 만들어 수출해야 합니다.

經經經經經經經經經經經經經											質質質質質質質質質質質質質質質										
經	經										質	質									
경서 경	경서 경										바탕 질	바탕 질									

수행평가

🐦 다음 한자(漢字)의 훈(訓)과 음(音)을 찾아 그 번호를 쓰시오.

1. 呼 (　　) ① 굳을 고　② 부를 호　③ 거둘 수　④ 경서 경
2. 質 (　　) ① 재물 재　② 좋을 량　③ 바탕 질　④ 끊을 절

🐦 다음의 훈(訓)과 음(音)에 맞는 한자(漢字)를 찾아 그 번호를 쓰시오.

3. 경서 경 (　　) ① 竹　② 創　③ 固　④ 經
4. 거둘 수 (　　) ① 收　② 失　③ 告　④ 客

🐦 다음의 뜻에 맞는 한자어(漢字語)를 고르시오.

5. 도로 거두어들임　(　　) ① 收益　② 秋收　③ 回收　④ 收入
6. 모인 자리에서 이름을 부름　(　　) ① 呼名　② 呼出　③ 呼兄　④ 呼弟
7. 처음으로 생각해 내는 것　(　　) ① 創立　② 創世　③ 創業　④ 創意

🐦 다음 글을 읽고 한자어(漢字語)의 독음(讀音)을 쓰시오.

8. 밤하늘에 별이 無數(　　)하게 떠 있습니다.

🐦 다음 글을 읽고 물음에 답하시오.

9. 다음 중 '固'와 음(音)이 같은 한자(漢字)를 고르시오.　(　　)
① 收　② 告　③ 呼　④ 質

10. 다음 □ 안에 공통으로 들어갈 수 있는 한자(漢字)를 고르시오.

□問,　□量,　品□　(　　)

① 固　② 創　③ 質　④ 經

效 효험 효

攵(攴)부 6획 (총10획)

效 中 xiào

사귀어(交) 본받도록 치면(攵) 효험이 있으니 '효험 효'
+ 交(사귈 교, 섞일 교, 오고 갈 교), 攵(칠 복)

- 無效(무효) : 아무 효과가 없는 것. (無:없을 무)
  – 투표 용지에 두 사람의 이름을 표시하면 無效(무효)가 됩니다.

- 效果的(효과적) : 어떤 일을 하여 좋은 결과가 있는 것. (果:열매 과, 的:과녁 적)
  – 세탁을 할 때는 적당량의 세제를 넣어야 效果的(효과적)입니다.

統 거느릴 통

糸부 6획 (총12획)

统 中 tǒng

실(糸)이 그릇에 가득 차면(充) 헝클어지지 않게 묶어 거느려야 하니 '거느릴 통'
+ 糸(실 사), 充(찰 충, 채울 충)

- 統治(통치) : 나라나 도시를 다스림. (治:다스릴 치)
  – 나라를 統治(통치)하는 일은 정말 어려운 일입니다.

- 統一(통일) : 여럿을 모아서 하나로 만듦. (一:한 일)
  – 이산 가족들은 남북 統一(통일)을 손꼽아 기다리고 있습니다.

效效效效效效效效效效					統統統統統統統統統統統統				
效	效				統	統			
효험 효	효험 효				거느릴 통	거느릴 통			

수행평가

🐥 다음 한자(漢字)의 훈(訓)과 음(音)을 찾아 그 번호를 쓰시오.

1. 統 (　　) ① 굳을 고 ② 비롯할 창 ③ 거느릴 통 ④ 바탕 질

2. 效 (　　) ① 효험 효 ② 손님 객 ③ 견줄 비 ④ 법도 도

🐥 다음의 훈(訓)과 음(音)에 맞는 한자(漢字)를 찾아 그 번호를 쓰시오.

3. 거느릴 통 (　　) ① 固 ② 統 ③ 質 ④ 收

4. 효험 효 (　　) ① 比 ② 客 ③ 呼 ④ 效

🐥 다음의 뜻에 맞는 한자어(漢字語)를 고르시오.

5. 좋은 결과가 나타나게 하는 힘 (　　) ① 效果 ② 效力 ③ 效用 ④ 效能

6. 아무 효과가 없는 것 (　　) ① 藥效 ② 效果 ③ 無效 ④ 效用

7. 나라나 도시를 다스림 (　　) ① 統治 ② 統合 ③ 統一 ④ 統計

🐥 다음 글을 읽고 한자어(漢字語)의 독음(讀音)을 쓰시오.

8. 민족 고유의 傳統(　　)을 잘 지켜가야 합니다.

🐥 다음 글을 읽고 물음에 답하시오.

9. 다음 중 '效'와 음(音)이 같은 한자(漢字)를 고르시오. (　　)

　① 老　② 孝　③ 客　④ 者

10. 다음 □ 안에 공통으로 들어갈 수 있는 한자(漢字)를 고르시오.

　□一, □合, □治　(　　)

　① 客　② 固　③ 統　④ 收

단원평가

🐦 다음 한자(漢字)의 훈(訓)과 음(音)을 쓰시오.

1. ① 收 (   )   ② 固 (   )

🐦 다음의 뜻에 맞는 사자성어(四字成語)를 〈보기〉에서 찾아 그 번호를 쓰시오.

보기   ① 右往左往   ② 一長一短   ③ 自身滿滿

2. 이리저리 오락가락하거나 어떤 일을 결정짓지 못하고 망설임. – (   )

3. 아주 당당하고 자신이 있음. – (   )

🐦 다음 글을 읽고 물음에 답하시오.

4. 다음 한자(漢字)의 독음(讀音)이 서로 다른 것을 고르시오.   (   )
   ① 收   ② 首   ③ 客   ④ 數

5. 다음 중 뜻이 서로 상대되는 것끼리 짝지어진 것을 고르시오.   (   )
   ① 比交   ② 主客   ③ 收入   ④ 創立

6. 뜻이 서로 비슷한 것끼리 짝지어진 한자어(漢字語)를 고르시오.   (   )
   ① 法度   ② 收出   ③ 效果   ④ 統合

7. 다음 중 '收'와 음(音)이 같은 한자(漢字)를 고르시오.   (   )
   ① 浴   ② 求   ③ 樹   ④ 洗

8. 다음 중 '呼'와 어울리는 한자(漢字)를 고르시오.   (   )
   ① 固   ② 出   ③ 完   ④ 數

9. 다음 중 '客'과 어울리는 한자(漢字)를 고르시오.   (   )
   ① 良   ② 固   ③ 室   ④ 買

🐦 다음의 어원(語原)에 해당하는 한자(漢字)를 고르시오.

10. 어떤 부분이 오래되어 굳어짐. (   )
    ① 固   ② 告   ③ 客   ④ 度

77

한자어를 만들어요

지금까지 배운 한자(漢字)를 이용하여 한자어(漢字語)를 만들어 볼까요?
보기와 같이 한자어를 만들고 그 뜻(訓)을 간단히 적어봅시다.

보기

| 固有 | 고유 | 본래 지니고 있거나 그 사물에만 특별히 있음 |
| 所有 | 고체 | 일정한 모양과 부피를 가지고 있는 단단한 물체 |

| | | |
| | | |

| | | |
| | | |

| | | |
| | | |

5-2 단계

참회의 눈물

1. 정성스런 어머니와 아들 — 80
2. 고슴도치가 된 기둥 — 94
3. 참회하는 아들 — 108

뒤늦은 효자

1. 소중하고 귀여운 아들 — 122
2. 뒤늦게 잘못을 깨달은 아들 — 136

1 정성스런 어머니와 아들

QR을 찍으면 구연동화로 재생 됩니다.

- '참회의 눈물' 이야기와 관련한 한자를 공부해 봅시다.
- 부모님께 대한 나의 행동이 어떠한지 생각해 봅시다.

젊어서 남편을 잃고 **精誠**(정성)을 들여 아들을 키우는
정성 : 온갖 힘을 다하려는 참되고 성실한 마음
것을 보람으로 사는 어머니가 있었습니다.

어머니는 아들에게 **基本**(기본)이 바른 생활을 하는
기본 : 사물의 기초
사람이 되라고 가르쳤습니다. 아들은 영리하여 공부도 잘하고, 어머니의 가르침을 잘 따랐습니다.

그러나 자라면서 놀기를 좋아하는 친구들과 사귀더니 행동이 달라지기 시작하였습니다. 어머니의 말씀을 소홀히 여기고 **訓長**(훈장)님
훈장 : 글방의 선생
의 가르침도 잘 듣지 않았습니다.

每日(매일) 자신에게 **害**(해)가
매일 : 날마다
되는 친구들과 어울려 **自然**(자연)
자연 : 저절로 이루어져 있는 세상의 모든 사물
景觀(경관)이 아름다운 곳을 찾아
경관 : 자연이나 지역의 풍경

술을 마시고 춤추며 興(흥)이 나는 놀이에 빠졌습니다. 아들은 하루가 다르게 讀書(독서)에는 취미를 잃고 공부는 適當(적당)히 하고 마는 것입니다.
독서 : 책을 읽음
적당 : 들어맞거나 어울리도록 알맞음

이러한 아들을 바라보는 어머니는 애가 탔습니다. 文章(문장)력도 있고 예능
문장 : 생각이나 느낌을 글자로 기록해 나타내는 것

면에도 素質(소질)이 뛰어난 아들이 나쁜 길로 빠져드는 것이 안타까웠습니다.
소질 : 태어날 때부터 지닌 능력과 기질

고심하던 어머니는 아들에게 과제를 하나 주기로 하였습니다.

 정성 **성**

言부 7획 (총14획)

诚 中 chéng

말(言)을 이루려고(成) 정성을 들이니 '정성 성'
+ 言(말씀 언), 成(이룰 성)

- 精誠(정성) : 온갖 힘을 다하려는 참되고 성실한 마음. (精:정성스러울 정)
  - 어머니께서는 精誠(정성)스럽게 할머니를 간호하십니다.
- 孝誠(효성) : 부모를 잘 모시는 정성. (孝:효도 효)
  - 심청이의 지극한 孝誠(효성)은 하늘을 감동시켰습니다.

 터 **기**

土부 8획 (총11획)

基 中 jī

그(其) 터에 흙(土)을 다져 기초를 닦으니 '터 기', '기초 기'
+ 其(그 기), 土(흙 토)

- 基本(기본) : 사물의 기초. (本:근본 본)
  - 오늘은 첫 날이라 태권도의 基本(기본) 동작을 배웠습니다.
- 基地(기지) : 작전이나 행동의 중요 지점. (地:땅 지)
  - 내 꿈은 우주 基地(기지)를 설계하는 것입니다.

참회의 눈물   1. 정성스런 어머니와 아들

가르칠 훈
言부 3획 (총10획)
训 ⊕ xùn

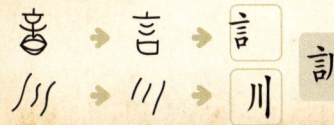
말(言)로 냇물(川)이 위에서 아래로 흐르듯이 윗사람이 아랫사람을 가르치니 '가르칠 훈'
+ 言(말씀 언), 川(내 천)

- 訓話(훈화) : 교훈이 되는 말. (話:말할 화)
  - 조회 시간에 교장선생님의 訓話(훈화)가 있었습니다.

- 訓長(훈장) : 글방의 선생. (長:어른 장, 긴 장)
  - 할아버지께서는 서당에서 訓長(훈장)님께 한문을 배우셨다고 합니다.

매양 매
母부 3획 (총7획)
每 ⊕ měi

사람(ㅗ)은 항상 어머니(母)를 생각하니 '매양 매'
+ ㅗ [사람 인(人)의 변형], 母(어미 모)

- 每事(매사) : 모든 일. (事:일 사)
  - 소영이는 每事(매사)에 신중하여 다른 사람의 모범이 됩니다.

- 每日(매일) : 날마다. 하루도 빠짐이 없음. (日:날 일)
  - 아버지께서는 每日(매일) 아침 운동을 하십니다.

訓 訓 訓 訓 訓 訓 訓 訓 訓 訓					每 每 每 每 每 每 每				
訓	訓				每	每			
가르칠 훈	가르칠 훈				매양 매	매양 매			

수행평가

🦉 다음 한자(漢字)의 훈(訓)과 음(音)을 찾아 그 번호를 쓰시오.

1. 誠 (   )   ① 정성 성   ② 보일 시   ③ 하늘 천   ④ 옮길 운
2. 基 (   )   ① 굳을 고   ② 터 기   ③ 섬 도   ④ 닫을 폐

🦉 다음의 훈(訓)과 음(音)에 맞는 한자(漢字)를 찾아 그 번호를 쓰시오.

3. 가르칠 훈 (   )   ① 客   ② 半   ③ 訓   ④ 極
4. 매양 매 (   )   ① 消   ② 選   ③ 婚   ④ 每

🦉 다음의 뜻에 맞는 한자어(漢字語)를 고르시오.

5. 온갖 힘을 다하려는 참되고 성실한 마음 (   )   ① 雨天 ② 精誠 ③ 洋服 ④ 校庭
6. 사물의 기초 (   )   ① 基本 ② 別名 ③ 同名 ④ 市場
7. 글방의 선생 (   )   ① 師弟 ② 合意 ③ 訓長 ④ 投入

🦉 다음 글을 읽고 한자어(漢字語)의 독음(讀音)을 쓰시오.

8. 준영이는 每日(   ) 일기를 씁니다.

🦉 다음 글을 읽고 물음에 답하시오.

9. 다음 중 '基'와 음(音)이 같은 한자(漢字)를 고르시오.   (   )
   ① 光   ② 氣   ③ 打   ④ 敗

10. 다음 □ 안에 공통으로 들어갈 수 있는 한자(漢字)를 고르시오.

    □話,　家□,　敎□   (   )
    ① 村   ② 野   ③ 末   ④ 訓

 1. 정성스런 어머니와 아들

해로울 해

宀부 7획 (총10획)

害 中 hài

집(宀)을 어지럽게(丰) 하는 말(口)이니 '해로울 해'
+ 宀(집 면), 丰(예쁠 봉, 풀 무성할 봉, 어지러울 봉), 口(입 구)

- 妨害(방해) : 남의 일을 막고 괴롭히는 것. (妨:방해할 방)
  - 동생은 날마다 내 공부를 妨害(방해)합니다.

- 有害(유해) : 해가 있음. (有:있을 유)
  - 담배는 건강에 有害(유해)합니다.

그러할 연

灬(火)부 8획 (총12획)

然 中 rán

고기(月)로 개(犬)를 먹으려면 불(灬)에 익히듯 순리에 따라 그렇게 하니 '그러할 연'
+ 月(달 월, 육 달 월), 犬(개 견), 灬 = 火(불 화)

- 自然(자연) : 저절로 이루어져 있는 세상의 모든 사물. (自:스스로 자)
  - 우리는 自然(자연) 보호에 힘써야 합니다.

- 當然(당연) : 마땅히 그러하다. (當:마땅할 당)
  - 주운 물건은 當然(당연)히 주인에게 돌려 주어야 합니다.

害害害害害害害害害害				然然然然然然然然然然然然			
害	害			然	然		
해로울 해	해로울 해			그러할 연	그러할 연		

景 경치 경

日부 8획 (총12획)
景　中 jǐng

해(日)가 비치면 서울(京) 경치가 더 커 보이니 '경치 경', '클 경'
+ 日(날 일), 京(서울 경)

- **光景(광경)** : 어떤 일이나 현상이 벌어지는 모양. (光:빛 광)
  - 친구를 돕는 **光景(광경)**을 보시고 어머니께서 몹시 기뻐하셨습니다.
- **景觀(경관)** : 경치, 바라다 보이는 모습. (觀:볼 관)
  - 산꼭대기에서 내려다 보는 마을의 **景觀(경관)**이 무척 아름답습니다.

興 일어날 흥

臼부 9획 (총16획)
兴　中 xīng, xìng

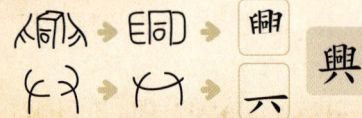
마주 들어(舁) 같이(同) 힘쓰면 흥하니 '흥할 흥', '일어날 흥'
+ 舁(마주 들 여), 同(같을 동)

- **興亡(흥망)** : 잘되어 일어남과 못되어 망함. (亡:망할 망)
  - 역사는 **興亡(흥망)**이 거듭되며 발전되어 왔습니다.
- **興味(흥미)** : 재미가 있어서 마음이 쏠리는 것. (味:맛 미)
  - 곤충의 성장을 관찰하는 일은 매우 **興味(흥미)**롭습니다.

景京景景景景景景景景景景						興興興興興興興興興興興興					
景	景					興	興				
경치 경	경치 경					일어날 흥	일어날 흥				

참회의 눈물

1. 정성스런 어머니와 아들

 읽을 **독**, 구절 **두**
言부 15획 (총22획)
读 中 dú

말(言)하여 물건을 팔(賣)듯 글을 소리내어 읽으니 '읽을 독'
+ 言(말씀 언), 賣(팔 매)

- **讀**書(독서) : 책을 읽음. (書:글 서)
  - 민수는 **讀**書(독서) 기록표를 만들었습니다.
- **讀**者(독자) : 책, 신문 등을 읽는 사람. (者:사람 자)
  - 신문은 **讀**者(독자)의 소리도 귀담아 들어야 합니다.

 맞을 **적**
辵(辶)부 11획 (총15획)
适 中 kuò, shì

뿌리(啇)는 알맞은 곳으로 뻗어가니(辶) '맞을 적'
+ 啇(밑동 적, 뿌리 적), 辶(갈 착, 뛸 착)

- **適**用(적용) : 무엇을 어디에 맞추어 씀. (用:쓸 용)
  - 사회자는 토론 규칙을 **適**用(적용)하여 진행하는 사람을 말합니다.
- **適**當(적당) : 어떤 성질, 상태 요구가 꼭 알맞음. (當:마땅할 당)
  - 건강을 위해 평소에 **適**當(적당)한 운동을 해야 합니다.

讀 讀 讀 讀 讀 讀 讀 讀 讀 讀 讀 讀				適 適 適 適 適 適 啇 啇 啇 適 適 適			
讀	讀			適	適		
읽을 독	읽을 독			맞을 적	맞을 적		

수행평가

🐦 다음 한자(漢字)의 훈(訓)과 음(音)을 찾아 그 번호를 쓰시오.

1. 害 (   )   ① 겉 표   ② 해로울 해 ③ 으뜸 원   ④ 일찍 조
2. 然 (   )   ① 그러할 연 ② 덕 덕   ③ 이길 승   ④ 도울 조

🐦 다음의 훈(訓)과 음(音)에 맞는 한자(漢字)를 찾아 그 번호를 쓰시오.

3. 경치 경 (   )   ① 接   ② 反   ③ 景   ④ 愛
4. 읽을 독 (   )   ① 速   ② 野   ③ 鄕   ④ 讀

🐦 다음의 뜻에 맞는 한자어(漢字語)를 고르시오.

5. 경치, 바다 보이는 모습 (   )   ① 景觀 ② 都市 ③ 內科 ④ 重視
6. 책을 읽음 (   )   ① 號角 ② 讀書 ③ 洗手 ④ 首相
7. 어떤 성질, 상태 요구가 꼭 알맞음 (   )   ① 正打 ② 醫師 ③ 適當 ④ 千里

🐦 다음 글을 읽고 한자어(漢字語)의 독음(讀音)을 쓰시오.

8. 自然(   )을 보호하고 가꾸어야 합니다.

🐦 다음 글을 읽고 물음에 답하시오.

9. 다음 중 '適'과 음(音)이 같은 한자(漢字)를 고르시오.   (   )
   ① 線   ② 無   ③ 音   ④ 赤

10. 다음 □ 안에 공통으로 들어갈 수 있는 한자(漢字)를 고르시오.
    □當, □用, □中   (   )
    ① 孝   ② 活   ③ 適   ④ 事

1. 정성스런 어머니와 아들

章 글 장

立부 6획 (총11획)

章 ㊥ zhāng

甲 → 帛 → 章

소리(音)를 많이(十) 적은 것이니 '글 장'
+ 音(소리 음), 十(열 십, 많을 십)

뜻
활용

- 初章(초장) : 일의 첫머리. (初:처음 초)
  – 이 이야기는 初章(초장)부터 아주 재미가 있습니다.

- 文章(문장) : 생각이나 느낌을 글자로 기록해 나타내는 것. (文:글월 문)
  – 현아는 文章(문장) 실력이 뛰어나다고 선생님께 칭찬을 들었습니다.

素 바탕, 흴 소

糸부 4획 (총10획)

素 ㊥ sù

甲 → 帛 → 素

주된(主) 실(糸)의 색은 흰색이니 '흴 소', 또 흰색은 모든 색의 바탕이 되니 '바탕 소'
+ 主(주인 주), 糸(실 사)

뜻
활용

- 素望(소망) : 본디부터 바라던 일. (望:바랄 망)
  – 언니의 素望(소망)은 원하는 대학에 합격하는 것입니다.

- 素質(소질) : 태어날 때부터 지닌 능력과 기질. (質:바탕 질)
  – 선생님께서 나에게 그리기에 素質(소질)이 있다고 말씀하셨습니다.

章 章 章 章 章 章 音 音 章 章					素 素 素 素 素 素 素 素 素 素				
章	章				素	素			
글 장	글 장				바탕 소	바탕 소			

수행평가

◆ 다음 한자(漢字)의 훈(訓)과 음(音)을 찾아 그 번호를 쓰시오.

1. 章 (　　　)　　① 글 장　　② 부릴 사　　③ 볼 관　　④ 기쁠 희
2. 素 (　　　)　　① 글 서　　② 흴 소　　③ 터 기　　④ 매양 매

◆ 다음의 훈(訓)과 음(音)에 맞는 한자(漢字)를 찾아 그 번호를 쓰시오.

3. 바탕 질 (　　　)　　① 訓　　② 景　　③ 質　　④ 然
4. 글월 문 (　　　)　　① 場　　② 路　　③ 通　　④ 文

◆ 다음의 뜻에 맞는 한자어(漢字語)를 고르시오.

5. 생각이나 느낌을 글로 기록해 나타내는 것 (　　　)　　① 文章　② 書堂　③ 漢字　④ 風景
6. 태어날 때부터 지닌 능력과 기질 (　　　)　　① 主題　② 素質　③ 名筆　④ 氣運
7. 본디부터 바라던 일 (　　　)　　① 素望　② 美容　③ 强要　④ 合心

◆ 다음 글을 읽고 한자어(漢字語)의 독음(讀音)을 쓰시오.

8. 시조의 初章(　　　)은 글자 수가 3, 4, 4(3) 입니다.

◆ 다음 글을 읽고 물음에 답하시오.

9. 다음 중 '素'와 음(音)이 같은 한자(漢字)를 고르시오.　　(　　　)
　　① 漁　　② 患　　③ 貴　　④ 所

10. 다음 □ 안에 공통으로 들어갈 수 있는 한자(漢字)를 고르시오.

　　　平□,　色□,　□質　　(　　　)

　　① 化　　② 加　　③ 素　　④ 表

단원평가

🐦 다음 한자(漢字)의 훈(訓)과 음(音)을 쓰시오.

1. ① 誠 (   )   ② 讀 (   )

🐦 다음 한자어(漢字語)의 음(音)과 뜻을 찾아 줄로 이으시오.

2. 基本 •   • ① 경관 •   • ㉠ 사물의 기초
3. 訓長 •   • ② 훈장 •   • ㉡ 경치
4. 景觀 •   • ③ 기본 •   • ㉢ 글방 선생

🐦 다음 글을 읽고 물음에 답하시오.

5. 다음 한자(漢字)의 독음(讀音)이 서로 다른 것을 고르시오.   (   )
   ① 害 - 解   ② 基 - 期   ③ 每 - 自   ④ 適 - 赤

6. 다음 중 뜻이 서로 상대되는 것끼리 짝지어진 것을 고르시오.   (   )
   ① 日本   ② 部長   ③ 長短   ④ 文章

7. 다음 중 뜻이 서로 비슷한 것끼리 짝지어진 것을 고르시오.   (   )
   ① 每日   ② 自然   ③ 讀書   ④ 基本

8. 다음 중 '母'와 음(音)이 같은 한자(漢字)를 고르시오.   (   )
   ① 毛   ② 訓   ③ 景   ④ 興

🐦 다음의 어원(語原)에 해당하는 한자(漢字)를 고르시오.

9. 말로 냇물이 흐르듯 가르침. (   )
   ① 製   ② 順   ③ 訓   ④ 洞

🐦 〈보기〉에서 한자(漢字)를 찾아 끝말잇기를 해 보시오.

보기 | 國   員   心 |

10. 適當 - 當(   ) - (   )民 - 民(   )

끝말 잇기

배운 한자(韓字)를 이용하여 한자어(韓字語)를 만들어 끝말잇기를 하고 만들어진 한자어의 음(音)을 써 봅시다.

2 고슴도치가 된 기둥

- 지시, 금지, 숙제 등의 한자어 및 이야기 관련 한자를 공부해 봅시다.
- 아들의 행동을 보고 배워야 할 점을 알아 봅시다.

어머니는 아들에게 망치와 못을 주면서 **視線**(시선)을 떼지 않고 **指示**(지시)하였습니다.

시선 : 눈이 가는 길. 또는 눈의 방향
지시 : 무엇을 하라고 시킴

"오늘부터 네가 하는 행동을 **禁止**(금지)하라고 하지는 않겠다. 그러나 좋지 못한 행동이라 여겨질 때마다 기둥에 못을 한 개씩 박도록 하거라."

금지 : 어떤 일이나 행동 등을 하지 못하게 막음

이 말을 들은 아들은 쾌히 승낙했습니다. 그 정도의 **宿題**(숙제)는 매우 쉬운 일이라고 생각하는 한편 재미가 있을 것 같았습니다.

숙제 : 두고 생각해 보거나 해결해야 할 문제

그 날부터 아들은 자신의 행동을 돌아보고 잘못했다고 생각할 때마다 기둥에 못을 한 개씩 박았습니다. 한 개, 두 개… 위에서부터 **順序**(순서)대로 박힌 못은 오래지 않아 고슴도치 가시처럼 빽빽하게 되었습니다. 그러던 어느 날 아들은 별다른

순서 : 정해져 있는 차례

생각없이 못을 박으려고 기둥 앞에 섰습니다.

그 순간 못이 잔뜩 박힌 기둥을 보고 불에 데인듯 깜짝 놀랐습니다. 자기 스스로 못된 행동이라고 깨달은 것만 해도 저렇게 많은데, 다른 사람이 봤을 때는 얼마나 많은 잘못을 저질렀을까? 하는 생각이 든 것입니다.

그날 밤 아들은 지난날의 일을 생각해보았습니다. 훈장님이 주신 課題(과제)를 하지 않고 넘긴 일, 어머니와 議論(의논)도 없이 집안의 재물을 처분하여 取(취)한 일...

과제 : 주어진 문제나 임무
의논 : 서로 의견을 주고 받음

그 일을 할 당시에는 다시 없이 재미있고 즐거웠습니다. 그런데 지내놓고 보니 견딜 수 없이 후회스러운 것입니다. 아들은 세상에 태어나서 처음으로 뉘우치는 눈물을 흘렸습니다.

視	指	禁	止	宿	題
볼 시	가리킬 지	금할 금	그칠 지	잘 숙	제목 제
順	序	課	議	論	取
순할 순	차례 서	부과할, 과목 과	의논할 의	논의할 론(논)	취할 취

이미 배운 한자

線	示
줄 선	보일 시

2. 고슴도치가 된 기둥

 **볼 시**
見부 5획 (총12획)
視　中 shì

신(示)의 계시를 보고(見) 살피니 '볼 시'
+ 示(보일 시), 見(볼 견)

- 視野(시야) : 눈으로 볼 수 있는 범위. (野:들 야)
  - 전망대에 올라가니 視野(시야)가 확 트여 눈앞이 시원스러웠습니다.
- 視線(시선) : 눈이 가는 길. (線:줄 선)
  - 동생의 視線(시선)은 텔레비전에 고정되어 있습니다.

 **가리킬 지**
扌(手)부 6획 (총9획)
指　中 zhǐ

손(扌)으로 맛(旨) 볼 때 쓰는 것이니 '손가락 지', 또 손가락으로 무엇을 가르키니 '가르킬 지'
+ 扌= 手(손 수), 旨(맛 지, 뜻 지)

- 指名(지명) : 이름을 가리켜 보임. (名:이름 명)
  - 국어 시간에 선생님께서 나를 指名(지명)하셨습니다.
- 指示(지시) : 무엇을 하라고 시킴. (示:보일 시)
  - 선생님의 指示(지시)대로 오늘은 대청소를 하였습니다.

視視視視視視視視視視視						指指指指指指指指指						
視	視					指	指					
볼 시	볼 시					가리킬 지	가리킬 지					

2. 고슴도치가 된 기둥

금할 금

示부 8획 (총13획)

禁 中 jìn 반의어 通(통할 통)

草草 → 林 → 林
凸 → 示 → 示 → 禁

숲(林)은 보기(示)만 할 뿐 함부로 베지 못하도록 금하니 '금할 금'
+ 林(수풀 림), 示(보일 시, 신 시)

- 禁止(금지) : 못하게 금함. (止:그칠 지)
  - 우리 학교 잔디밭에는 출입 禁止(금지) 푯말이 있습니다.

- 禁食(금식) : 특별한 목적을 위해 음식을 먹지 않는 것. (食:밥 식)
  - 수술 전에는 禁食(금식)을 합니다.

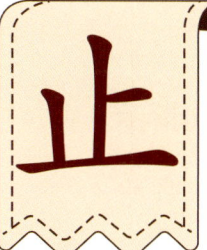

그칠 지

止부 0획 (총4획)

止 中 zhǐ

ᙰ → ᙶ → 止

두 발이 그쳐 있는 모습에서 '그칠 지'

- 止血(지혈) : 흘러 나오는 피를 멈추는 것. (血:피 혈)
  - 학교에서 손을 베어 선생님께서 止血(지혈)을 해주셨습니다.

- 防止(방지) : 막아서 못하게 함. (防:막을 방)
  - 수해를 防止(방지)하기 위해 둑을 단단히 쌓았습니다.

禁 禁 禁 禁 禁 禁 禁 禁 禁 禁 禁 禁 禁						止 止 止 止					
禁	禁					止	止				
금할 금	금할 금					그칠 지	그칠 지				

수행평가

🐦 다음 한자(漢字)의 훈(訓)과 음(音)을 찾아 그 번호를 쓰시오.

1. 指 (   )   ① 목욕할 욕   ② 가리킬 지   ③ 벗 우   ④ 지을 제
2. 視 (   )   ① 검을 흑   ② 몸 체   ③ 볼 시   ④ 창문 창

🐦 다음의 훈(訓)과 음(音)에 맞는 한자(漢字)를 찾아 그 번호를 쓰시오.

3. 그칠 지 (   )   ① 孫   ② 元   ③ 情   ④ 止
4. 금할 금 (   )   ① 禁   ② 洞   ③ 投   ④ 助

🐦 다음의 뜻에 맞는 한자어(漢字語)를 고르시오.

5. 하지 못하도록 함   (   )   ① 富強   ② 禁止   ③ 野外   ④ 記事
6. 무엇을 하라고 시킴 (   )   ① 市場   ② 多幸   ③ 強打   ④ 指示
7. 이름을 가리켜 보임 (   )   ① 指名   ② 所望   ③ 許容   ④ 眞品

🐦 다음 글을 읽고 한자어(漢字語)의 독음(讀音)을 쓰시오.

8. 병원에서 禁食(   )을 하라고 하였습니다.

🐦 다음 글을 읽고 물음에 답하시오.

9. 다음 중 '止'와 음(音)이 같은 한자(漢字)를 고르시오.   (   )
   ① 志   ② 談   ③ 求   ④ 客

10. 다음 □ 안에 공통으로 들어갈 수 있는 한자(漢字)를 고르시오.

    □野, □力, □察   (   )
    ① 失   ② 度   ③ 視   ④ 示

참회의 눈물 **2. 고슴도치가 된 기둥**

잘 숙

宀부 8획 (총11획)

宿　中 sù, xiǔ, xiù

집(宀)에 사람(亻)이 많이(百), 즉 오래 있음은 머물러 자는 것이니 '잘 숙'
+ 宀(집 면), 亻= 人(사람 인), 百(일백 백, 많을 백)

- 宿題(숙제) : 미리 내주는 문제. (題:제목 제)
  - 영수와 같이 우리 집에서 宿題(숙제)를 하였습니다.

- 下宿(하숙) : 일정 기간 남의 집에 숙박함. (下:아래 하)
  - 형은 학교 근처에서 下宿(하숙)을 하고 있습니다.

제목 제

頁부 9획 (총18획)

題　中 tí

내용을 옳게(是) 알 수 있는 글의 머리(頁)니 '제목 제'
+ 是(옳을 시, 이 시), 頁(머리 혈)

- 問題(문제) : 답을 요구하는 질문. (問:물을 문)
  - 선생님께서 이번 시험 問題(문제)가 무척 어렵다고 말씀하셨습니다.

- 課題(과제) : 주어진 문제나 임무. (課:매길 과)
  - 방학 課題(과제)로 음악회 감상문을 제출해야 합니다.

宿宿宿宿宿宿宿宿宿宿宿					題題題題題題題題題題題題題題題題題題				
宿	宿				題	題			
잘 숙	잘 숙				제목 제	제목 제			

 **순할 순**

頁부 3획 (총12획)

順　中 shùn

위에서 아래로 흐르는 냇물(川)처럼 우두머리 (頁)의 명령을 순하게 따르니 '순할 순'
+ 川(내 천), 頁(머리 혈)

- 順位(순위) : 어떤 기준에 의한 차례에 따라 정해진 위치나 지위. (位:자리 위)
  - 전국 체전에서 서울이 종합 順位(순위) 1위를 차지했습니다.

- 溫順(온순) : 성질이나 마음씨가 따뜻하고 순함. (溫:따뜻할 온)
  - 우리 집 강아지는 아주 溫順(온순)합니다.

 **차례 서**

广부 4획 (총7획)

序　中 xù

집(广)에서도 내(予)가 먼저 차례를 지켜야 하니 '차례 서'
+ 广(집 엄), 予(나 여, 줄 여)

- 順序(순서) : 정해져 있는 차례. (順:차례 순, 순할 순)
  - 우리 반은 아침에 등교하는 順序(순서)대로 자리에 앉습니다.

- 序頭(서두) : 순서의 첫머리. (頭:머리 두)
  - 이야기의 序頭(서두)가 너무 길면 듣는 사람이 지루해합니다.

順 順 順 順 順 順 順 順 順 順					序 序 序 序 序 序 序				
順	順				序	序			
순할 순	순할 순				차례 서	차례 서			

참회의 눈물

참회의 눈물 2. 고슴도치가 된 기둥

부과할, 과목 과
言부 8획 (총15획)
课 中 kè

말(言)을 들은 결과(果)로 세금을 부과하니 '부과할 과',
또 말(言)과 결과(果)를 적어 놓은 과목이니 '과목 과'
+ 言(말씀 언), 果(열매 과, 결과 과)

- 日課(일과) : 날마다 규칙적으로 하는 일. (日:날 일)
  – 아침마다 가볍게 운동하는 것을 日課(일과)로 삼았습니다.

- 課外(과외) : 따로 학교 밖에서 배우는 것. (外:바깥 외)
  – 수학 실력이 부족한 형은 삼촌에게 課外(과외)를 받고 있습니다.

의논할 의
言부 13획 (총20획)
议 中 yì 동의어 論(논의할 논)

좋은 결론을 위해 말(言)을 의롭게(義)하니 '의논할 의'
+ 言(말씀 언), 義(의로울 의)

- 議論(의논) : 서로 의견을 주고받음. (論:논의할 논)
  – 내일의 시합에 대해 친구들과 議論(의논)하였습니다.

- 議決(의결) : 의논하여 결정함. (決:결단할 결)
  – 민생을 위한 많은 법안이 정기 국회에서 議決(의결) 되었습니다.

課課課課課課課課課課課課課課課	議議議議議議議議議議議議議議議
課 課	議 議
과목 과 과목 과	의논할 의 의논할 의

수행평가

- 다음 한자(漢字)의 훈(訓)과 음(音)을 찾아 그 번호를 쓰시오.

  1. 題 (   )   ① 견줄 비   ② 갈 왕   ③ 시험할 시   ④ 제목 제
  2. 課 (   )   ① 부서 과   ② 쉴 휴   ③ 호수 호   ④ 참 진

- 다음의 훈(訓)과 음(音)에 맞는 한자(漢字)를 찾아 그 번호를 쓰시오.

  3. 잘 숙 (   )   ① 尊   ② 宿   ③ 陽   ④ 勝
  4. 차례 서 (   )   ① 拜   ② 商   ③ 序   ④ 銀

- 다음의 뜻에 맞는 한자어(漢字語)를 고르시오.

  5. 눈이 가는 길   (   )   ① 孝行   ② 無益   ③ 來日   ④ 視線
  6. 정해 놓은 차례   (   )   ① 書記   ② 順序   ③ 入國   ④ 車道
  7. 처리해야 할 문제   (   )   ① 課題   ② 家族   ③ 元老   ④ 榮光

- 다음 글을 읽고 한자어(漢字語)의 독음(讀音)을 쓰시오.

  8. 오늘은 宿題(   )가 없는 날입니다.

- 다음 글을 읽고 물음에 답하시오.

  9. 다음 중 '議'와 음(音)이 같은 한자(漢字)를 고르시오.   (   )
     ① 接   ② 衣   ③ 危   ④ 億

  10. 다음 □ 안에 공통으로 들어갈 수 있는 한자(漢字)를 고르시오.

      日□,   □外,   □長   (   )

      ① 他   ② 研   ③ 課   ④ 風

 **논의할 론(논)**
言부 8획 (총15획)
论 中 lùn

홍→言→言
侖→侖→侖 論

말(言)로 모여서(侖) 논의하니 '논의할 론'
+ 言(말씀 언), 侖(둥글 륜, 모일 륜)

- 論述(논술) : 어떤 사물을 논하여 말하거나 적음. (述:지을 술)
  - 論述(논술)을 잘 하려면 다양한 책을 많이 읽고 사고력을 길러야 합니다.
- 論文(논문) : 어떤 주제에 관해 연구한 결과를 논리적으로 적은 글. (文:글월 문)
  - 형은 요즈음 졸업 論文(논문)을 준비하느라 몹시 바쁩니다.

 **취할 취**
又부 6획 (총8획)
取 中 qǔ

귀→耳→耳
손→又→又 取

귀(耳)로 듣고 손(又)으로 취하여 가지니 '취할 취'
+ 耳(귀 이), 又(오른손 우, 또 우)

- 取得(취득) : 자기 소유로 함. (得:얻을 득)
  - 삼촌은 이번 학기에 박사 학위를 取得(취득)하였습니다.
- 取下(취하) : 취소하거나 무효로 함. (下:아래 하)
  - 원만한 합의가 이루어져 피고인이 고소를 取下(취하) 하였습니다.

論論論論論論論論論論論論論論論			取取取取取取取取		
論	論		取	取	
논의할 론	논의할 론		취할 취	취할 취	

수행평가

다음 한자(漢字)의 훈(訓)과 음(音)을 찾아 그 번호를 쓰시오.

1. 論 (   )   ① 노래 악   ② 논의할 론   ③ 등급 등   ④ 대나무 죽
2. 取 (   )   ① 취할 취   ② 사랑 애   ③ 얼굴 용   ④ 배 선

다음의 훈(訓)과 음(音)에 맞는 한자(漢字)를 찾아 그 번호를 쓰시오.

3. 논의할 론 (   )   ① 星   ② 交   ③ 論   ④ 展
4. 취할 취 (   )   ① 表   ② 量   ③ 角   ④ 取

다음의 뜻에 맞는 한자어(漢字語)를 고르시오.

5. 서로 의견을 주고받음 (   )   ① 議論   ② 直進   ③ 未安   ④ 安全
6. 취소하거나 무효로 함 (   )   ① 基本   ② 取下   ③ 同名   ④ 市場
7. 자기 소유로 함 (   )   ① 活動   ② 史記   ③ 取得   ④ 別堂

다음 글을 읽고 한자어(漢字語)의 독음(讀音)을 쓰시오.

8. 대학에 다니는 형은 論文(   ) 준비로 바쁩니다.

다음 글을 읽고 물음에 답하시오.

9. 다음 중 '論'과 어울리는 한자(漢字)를 고르시오.   (   )
   ① 絶   ② 友   ③ 議   ④ 改

10. 다음 □ 안에 공통으로 들어갈 수 있는 한자(漢字)를 고르시오.
    □文, □語, □理   (   )
    ① 比   ② 賢   ③ 好   ④ 論

단원평가

🐦 다음 한자(漢字)의 훈(訓)과 음(音)을 쓰시오.

1. ① 題 (   )   ② 議 (   )

🐦 다음 한자어(漢字語)의 음(音)과 뜻을 찾아 줄로 이으시오.

2. 禁止 •   • ① 순서   • ㉠ 하지 못하도록 함.
3. 順序 •   • ② 금지   • ㉡ 무엇을 하라고 시킴.
4. 指示 •   • ③ 지시   • ㉢ 정해 놓은 차례

🐦 다음 글을 읽고 물음에 답하시오.

5. 다음 한자(漢字)의 독음(讀音)이 서로 <u>다른</u> 것을 고르시오.   (   )
   ① 論 - 湖   ② 禁 - 今   ③ 課 - 過   ④ 視 - 時

6. 다음 중 뜻이 서로 상대되는 것끼리 짝지어진 것을 고르시오.   (   )
   ① 順數   ② 序論   ③ 宿地   ④ 通禁

7. 다음 중 뜻이 서로 비슷한 것끼리 짝지어진 것을 고르시오.   (   )
   ① 宿題   ② 指示   ③ 議論   ④ 視線

8. 다음 중 '宿'과 어울리는 한자(漢字)를 고르시오.   (   )
   ① 止   ② 順   ③ 題   ④ 序

9. 다음 중 '止'와 음(音)이 같은 한자(漢字)를 고르시오.   (   )
   ① 地   ② 議   ③ 體   ④ 課

🐦 다음의 어원(語原)에 해당하는 한자(漢字)를 고르시오.

10. 집안에 사람이 많이 머물러 자는 것. (   )
    ① 宿   ② 順   ③ 題   ④ 視

한자 주사위 놀이하기

친구와 같이 주사위 놀이를 하여 봅시다.

① 주사위를 던져 나온 숫자만큼 앞으로 갑니다.
② 해당 칸에 있는 한자(漢字)의 음(音)과 뜻(訓)을 이야기 해 봅시다.
③ 음(音)과 뜻(訓)을 말하지 못하면 다시 원래 있던 곳으로 되돌아옵니다. 누가 먼저 도착하는지 출발해 볼까요?

참회의 눈물

3 참회하는 아들

- 조정, 재고 등의 한자어 및 이야기 관련 한자를 공부해 봅시다.
- 아들의 행동을 보고, 알고 느낀 점을 정리해 봅시다.

다음날 아침 아들은 어머니 앞에 엎드려 통곡을 하며 **昨今**(작금)에 있었던 일에 대한 잘못을 빌었습니다. 그 순간 어머니는 감격에 겨웠습니다. 잠시 차분하게 마음을 가다듬은 후에 두뺨에 흐르는 눈물을 닦고서 가라앉은 소리로 말했습니다.

작금 : 어제와 오늘, 요즈음

"자! 이제 눈물을 거두어라. 그동안의 잘못을 깨달았다면 그걸로 되었다. 너는 나에게 참으로 소중하단다. 지금의 마음을 **保存**(보존)하여, 지난 일을 **藥**(약)으로 삼아 앞으로 반듯한 사람이 되거라. 그리고 이번에는 옳은 행동을 할 때마다 기둥에 박힌 못을 한개씩 뽑아내도록 하거라."

보존 : 중요하거나 가치가 있는 것을 그대로 남아있게 하는 것

어머니의 단단한 **注意**(주의)를 받고나서 아들은 사람이 달라졌습니다. 이날부터 행동을 할 때마다 **再考**(재고)해 보며 착한 일만 골라서 하는 사람이 되었습니다.

주의 : 마음에 새겨 두고 조심하는 것

재고 : 다시 한 번 자세하게 생각함

얼마간의 세월이 흐르자 고슴도치처럼 기둥에 가득찼던 못이 다 빠졌습니다. 기둥의 못이 다 빠지자 아들은 무척 기뻐했습니다. 그러나 아쉬운 것은 기둥에 박혔던 못자국이 그대로 남아있는 것이었습니다. 그 못자국을 볼 때마다 한번 옳지 못한 일을 하면 그것이 완전하게 아물지 않는다는 것을 깨닫게 되었습니다.

아들은 자신의 행동을 **一步**(일보)씩 꾸준히 고치겠다는 결심을 하였습니다. 목표를 **設定**(설정)하고 **到達**(도달)하기로 하였습니다. 마음이 흐트러질 때마다 자신의 **家屋**(가옥) 기둥에 박힌 못자국을 바라보며 의지를 굳혔습니다.

열심히 노력한 결과 아들은 **順調**(순조)롭게 과거에 급제하여 어머니를 기쁘게 해드리고 오래도록 행복하게 잘 살았습니다.

일보 : 한걸음
설정 : 새로 만들어 정해 둠
도달 : 목적한 것에 이름
가옥 : 사람이 사는 집
순조 : (무슨 일이) 아무 탈 없이 잘되어 가는 상태

새로 배우는 한자

昨	調	保	存	藥	注
어제 작	조사할 조	보전할 보	있을 존	약 약	물댈 주

再	考	步	設	達	屋
다시 재	상고할 고	걸음 보	세울 설	이를 달	집 옥

이미 배운 한자

今	順	意	一	定	到	家
이제 금	순할 순	뜻 의	한 일	정할 정	이를 도	집 가

3. 참회하는 아들

昨 어제 작

日부 5획 (총9획)

昨　中 zuó　반의어 今(이제 금)

하루 해(日)가 잠깐(乍) 사이에 넘어가 어제가 되니 '어제 작'
+ 日(해 일, 날 일), 乍(잠깐 사)

- 昨年(작년) : 지난 해. (年:해 년)
  - 昨年(작년)에 갔던 박물관에 다시 찾아가 보았습니다.

- 昨今(작금) : 어제와 오늘. 요즈음. (今:이제 금)
  - 昨今(작금)에는 음식문화가 다양해지고 있습니다.

調 조사할 조

言부 8획 (총15획)

調　中 diào, tiáo

말(言)을 두루(周) 듣고 고르게 잘 조사하니 '고를 조', '조사할 조'
+ 言(말씀 언), 周(두루 주)

- 順調(순조) : 고르게 일이 잘되어 나아감. (順:순할 순)
  - 금년도 수출 목표는 順調(순조)롭게 달성될 전망입니다.

- 調和(조화) : 서로 화합함. (和:화할 화)
  - 강가에 멋진 집이 주변의 경치와 調和(조화)를 이루고 있습니다.

昨昨昨昨昨昨昨昨昨			調調調調調調調調調調調調		
昨	昨		調	調	
어제 작	어제 작		조사할 조	조사할 조	

3. 참회하는 아들

보전할 보

亻(人)부 7획 (총9획)

保 ⊕ bǎo

(말로 화를 입는 경우가 많아) 사람(亻)은 입(口)을 말 없는 나무(木)처럼 지키고 보호해야 하니 '보전할 보'
+ 亻 = 人(사람 인), 木(나무 목)

- 保存(보존) : 잘 보살펴 상하거나 없어지지 않게 함. (存:있을 존)
  – 우리 민족의 유산인 문화재를 잘 保存(보존)해야 합니다.
- 保留(보류) : 어떤 일의 결정을 뒤로 미루어 둠. (留:머무를 류)
  – 학급 문고를 만들겠다는 계획은 의견 차이로 保留(보류)되었습니다.

있을 존

子부 3획 (총6획)

存 ⊕ cún

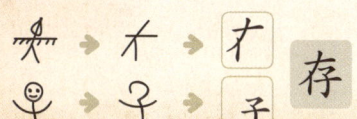

한(一) 사람(亻)에게 아들(子)이 있으니 '있을 존'
+ 一(한 일), 亻= 人(사람 인), 子(아들 자)

- 存在(존재) : 현재 있음. (在:있을 재)
  – 항상 더 나은 것으로 발전해 가기 위해 생물은 存在(존재)합니다.
- 生存(생존) : 살아 있음. (生:날 생)
  – 버스 추락 사고에도 안전벨트 덕분에 모두 生存(생존)하였습니다.

保保保保保保保保保		存存存存存存	
保	保	存	存
보전할 보	보전할 보	있을 존	있을 존

3. 참회하는 아들 111

수행평가

🐦 다음 한자(漢字)의 훈(訓)과 음(音)을 찾아 그 번호를 쓰시오.

1. 調 (   )   ① 조사할 조 ② 매양 매 ③ 다할 극 ④ 굳을 고
2. 保 (   )   ① 물을 질   ② 셀 수   ③ 보전할 보 ④ 어미 모

🐦 다음의 훈(訓)과 음(音)에 맞는 한자(漢字)를 찾아 그 번호를 쓰시오.

3. 있을 존 (   )   ① 散   ② 習   ③ 筆   ④ 存
4. 어제 작 (   )   ① 凡   ② 昨   ③ 低   ④ 草

🐦 다음의 뜻에 맞는 한자어(漢字語)를 고르시오.

5. 조사하여 확정함 (   )   ① 調定 ② 國花 ③ 南風 ④ 育成
6. 현재 있음 (   )   ① 重要 ② 如前 ③ 存在 ④ 名節
7. 약으로 사용함 (   )   ① 藥用 ② 現世 ③ 霜天 ④ 克己

🐦 다음 글을 읽고 한자어(漢字語)의 독음(讀音)을 쓰시오.

8. 昨今(   )의 사회상을 보면 고쳐야 할 부분도 많이 있습니다.

🐦 다음 글을 읽고 물음에 답하시오.

9. 다음 중 '調'와 음(音)이 같은 한자(漢字)를 고르시오.   (   )
   ① 街   ② 妹   ③ 銀   ④ 助

10. 다음 □ 안에 공통으로 들어갈 수 있는 한자(漢字)를 고르시오.
    □在, 生□, □立   (   )
    ① 急   ② 氣   ③ 存   ④ 和

참회의 눈물 3. 참회하는 아들

약 **약**

艸(艹)부 15획 (총19획)

药 中 yào

풀(艹)중 환자에게 좋은(樂) 것이니 '약 약'
+ 艹(풀 초), 樂(풍류 악, 즐길 락, 좋아할 요)

- 藥水(약수) : 약효가 있다는 샘물. (水:물 수)
  - 할아버지께서는 매일 아침 藥水(약수)터에 가십니다.

- 藥用(약용) : 약으로 사용함. (用:쓸 용)
  - 외삼촌은 산비탈에 藥用(약용) 식물을 재배하십니다.

물댈 **주**

氵(水)부 5획 (총8획)

注 中 zhù

물(氵)을 한쪽으로 주(主)로 대고 쏟으니 '물댈 주'
+ 氵= 水(물 수), 主(주인 주)

- 注油所(주유소) : 기름을 넣는 곳. (油:기름 유, 所:바 소)
  - 자동차에 기름을 넣기 위해 注油所(주유소)에 들어갔습니다.

- 注意(주의) : 마음에 새겨 두고 조심하는 것. (意:뜻 의)
  - 공사장 근처에 갈 때는 注意(주의)해야 합니다.

藥藥藥藥藥藥藥藥藥藥					注注注注注注注注			
藥	藥				注	注		
약 약	약 약				물댈 주	물댈 주		

3. 참회하는 아들 113

다시 재

冂부 4획 (총6획)

再　中 zài

한(一) 개의 성(冂)을 흙(土)으로 다시 쌓아 올리니 '다시 재'
+ 冂(성 경, 멀 경), 土(흙 토)

- 再生(재생) : 죽어가던 목숨이 다시 살아남. (生:날 생)
  - 죽을 고비를 넘기고 再生(재생)의 기쁨을 맞이하였습니다.
- 再開(재개) : 끊기거나 쉬었던 회의, 활동 따위를 다시 함. (開:열 개)
  - 비로 중단되었던 공사를 오늘부터 再開(재개)하였습니다.

상고할 고

老(耂)부 2획 (총6획)

考　中 kǎo

노인(耂)은 크게(丂) 살피고 생각하니 '살필 고', '상고할 고'
+ 耂(늙을 로 엄), 丂 [큰 대(大)의 변형]

- 再考(재고) : 어떤 일을 다시 생각함. (再:다시 재)
  - 아버지의 결정은 再考(재고)의 여지가 없습니다.
- 一考(일고) : 한번 생각하여 봄. (一:한 일)
  - 이 이야기는 一考(일고)의 가치도 없는 이야기입니다.

| 再再冂冂再再 | 考考考考考考 |
| 再　다시 재 | 考　상고할 고 |

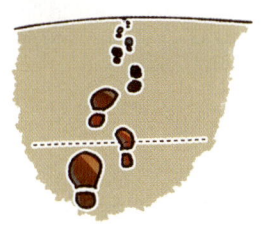
3. 참회하는 아들

걸음 **보**

止부 3획 (총7획)

步 中 bù

그쳤다가(止) 조금씩(少) 발을 옮기니 '걸음 보'
+ 止(그칠 지), ⺌[작을 소, 적을 소(少)의 획 줄임]

뜻
활용

- 步道(보도) : 사람이 다니는 길. (道:길 도)
  - 길을 걸어 다닐 때는 반드시 步道(보도)를 이용합니다.

- 一步(일보) : 한 걸음. (一:한 일)
  - '二步(이보) 전진을 위한 一步(일보) 후퇴'란 말이 있습니다.

세울 **설**

言부 4획 (총11획)

设 中 shè

말(言)로 상대를 치며(殳) 자기 주장을 세우고 베푸니 '세울 설', '베풀 설'
+ 言(말씀 언), 殳(칠 수, 창 수, 몽둥이 수)

뜻
활용

- 新設(신설) : 새로 설립함. (新:새 신)
  - 우리 학교는 新設(신설)학교라 아주 깨끗하고 시설이 훌륭합니다.

- 設定(설정) : 새로 만들어 정해 둠. (定:정할 정)
  - 이번 방학에 독서를 많이 하겠다는 목표를 設定(설정) 하였습니다.

步步步步步步						設設設設設設設設設設設					
步	步					設	設				
걸음 보	걸음 보					세울 설	세울 설				

수행평가

🐥 다음 한자(漢字)의 훈(訓)과 음(音)을 찾아 그 번호를 쓰시오.

1. 注 (   )   ① 서로 상   ② 재주 기   ③ 물댈 주   ④ 참 진
2. 再 (   )   ① 다시 재   ② 창문 창   ③ 들을 문   ④ 백성 민

🐥 다음의 훈(訓)과 음(音)에 맞는 한자(漢字)를 찾아 그 번호를 쓰시오.

3. 상고할 고 (   )   ① 園   ② 忠   ③ 試   ④ 考
4. 걸음 보 (   )   ① 殺   ② 步   ③ 解   ④ 體

🐥 다음의 뜻에 맞는 한자어(漢字語)를 고르시오.

5. 한걸음 (   )   ① 一步   ② 現代   ③ 商街   ④ 船長
6. 새로 만들어 정해 둠 (   )   ① 終日   ② 設定   ③ 元祖   ④ 榮達
7. 사람이 걸어 다니는 길 (   )   ① 步行   ② 書堂   ③ 步道   ④ 不便

🐥 다음 글을 읽고 한자어(漢字語)의 독음(讀音)을 쓰시오.

8. 그 문제에 대하여 **再考**(   )해 보기로 하였습니다.

🐥 다음 글을 읽고 물음에 답하시오.

9. 다음 중 '步'와 음(音)이 같은 한자(漢字)를 고르시오.   (   )
   ① 到   ② 弱   ③ 報   ④ 貧

10. 다음 □ 안에 공통으로 들어갈 수 있는 한자(漢字)를 고르시오.

    □計, □立, □定   (   )

    ① 鼻   ② 要   ③ 堂   ④ 設

참회의 눈물 **3. 참회하는 아들**

達 이를 달

辶(辶)부 9획 (총13획)

达 中 dá

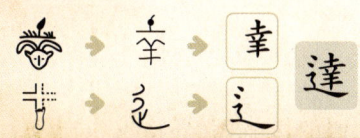

흙(土)에만 있던 양(羊)들도 뛰어서(辶) 풀밭에 잘도 이르니 '이를 달', '통달할 달'
+ 土(흙 토), 羊(양 양), 辶(뛸 착)

뜻 활용

- 到**達**(도달) : 목적한 것에 이름. (到:이를 도)
  - 열심히 노력한 결과 나의 목표에 到**達**(도달) 되었습니다.

- **達**人(달인) : 능통한 사람. (人:사람 인)
  - 미영이는 퀴즈의 **達**人(달인)이 되었습니다.

屋 집 옥

尸부 6획 (총9획)

屋 中 wū 동의어 家(집 가)

몸(尸)이 이르러(至) 쉬는 곳이니 '집 옥'
+ 尸(몸 시, 주검 시), 至(이를 지, 지극할 지)

뜻 활용

- **屋**上(옥상) : 지붕 위. (上:위 상)
  - 우리 집 **屋**上(옥상)에 예쁜 꽃밭을 만들었습니다.

- 家**屋**(가옥) : 사람이 사는 집. (家:집 가)
  - 수해로 많은 家**屋**(가옥)들이 파손되었습니다.

達達達達達達達達達達達達達	屋屋屋屋屋屋屋屋屋
達 達	屋 屋
이를 달 이를 달	집 옥 집 옥

3. 참회하는 아들

수행평가

● 다음 한자(漢字)의 훈(訓)과 음(音)을 찾아 그 번호를 쓰시오.

1. 達 (   )   ① 뜻 의   ② 줄 선   ③ 이를 달   ④ 몸 체
2. 屋 (   )   ① 집 옥   ② 일찍 조   ③ 대행 행   ④ 칠 타

● 다음의 훈(訓)과 음(音)에 맞는 한자(漢字)를 찾아 그 번호를 쓰시오.

3. 이를 달 (   )   ① 感   ② 達   ③ 句   ④ 在
4. 집 옥 (   )   ① 意   ② 到   ③ 庭   ④ 屋

● 다음의 뜻에 맞는 한자어(漢字語)를 고르시오.

5. 목적한 것에 이름 (   )   ① 體面   ② 硏究   ③ 到達   ④ 勞苦
6. 사람이 사는 집 (   )   ① 火星   ② 特惠   ③ 眞品   ④ 家屋
7. 어떤 문제에 대한 의견이 모아짐 (   )   ① 師弟   ② 合意   ③ 訓長   ④ 投入

● 다음 글을 읽고 한자어(漢字語)의 독음(讀音)을 쓰시오.

8. 아버지가 다니시는 회사는 社屋(   )을 새로 지었습니다.

● 다음 글을 읽고 물음에 답하시오.

9. 다음 중 '家'와 음(音)이 같은 한자(漢字)를 고르시오.   (   )
   ① 重   ② 冷   ③ 歌   ④ 靑

10. 다음 □ 안에 공통으로 들어갈 수 있는 한자(漢字)를 고르시오.
    到□, □人, □成   (   )
    ① 陸   ② 達   ③ 昨   ④ 發

- 다음 한자(漢字)의 훈(訓)과 음(音)을 쓰시오.

  1. ① 考 (   )   ② 達 (   )

- 다음 한자어(漢字語)의 음(音)과 뜻을 찾아 줄로 이으시오.

  2. 昨今 •   • ① 설정   • ㉠ 새로이 만들어 둠.
  3. 再考 •   • ② 작금   • ㉡ 어제와 오늘, 요즈음
  4. 設定 •   • ③ 재고   • ㉢ 어떤 일을 다시 생각함.

- 다음 글을 읽고 물음에 답하시오.

  5. 다음 한자(漢字)의 독음(讀音)이 서로 다른 것을 고르시오. (   )
     ① 保 - 步   ② 到 - 道   ③ 注 - 徒   ④ 考 - 高
  6. 다음 중 뜻이 서로 상대되는 것끼리 짝지어진 것을 고르시오. (   )
     ① 一步   ② 昨今   ③ 調定   ④ 到達
  7. 다음 중 뜻이 서로 비슷한 것끼리 짝지어진 것을 고르시오. (   )
     ① 山寺   ② 今年   ③ 家屋   ④ 畵家
  8. 다음 중 '考'와 음이 같은 한자(漢字)를 고르시오. (   )
     ① 調   ② 設   ③ 在   ④ 古

- 다음의 어원(語原)에 해당하는 한자(漢字)를 고르시오.

  9. 노인은 생각을 깊고 깊이 헤아림. (   )
     ① 考   ② 意   ③ 全   ④ 到

- 〈보기〉에서 한자(漢字)를 찾아 끝말잇기를 해 보시오.

  | 보기 | 景   發   光 |

  10. 保全 － 全(   ) － (   )觀 － 觀(   )

3. 참회하는 아들 119

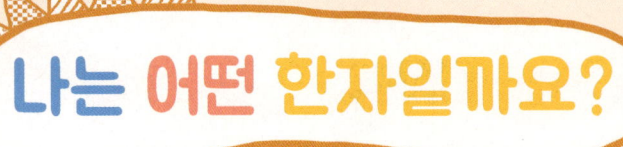

나는 어떤 한자일까요?

왼쪽 한자카드의 일부분이 지워져 있습니다. 무슨 한자인지 생각하여 보고 알맞은 음과 뜻을 연결해 봅시다.

存 • • 걸음 보

藥 • • 조사할 조

調 • • 약 약

達 • • 있을 존

步 • • 이를 달

 # 良藥苦口

좋을 **양** 약 **약** 쓸 **고** 입 **구**

'좋은 약은 입에 씀'으로 충고는 귀에 거슬리지만 자신에게 이롭다는 말

뒤늦은 효자

1 소중하고 귀여운 아들

QR을 찍으면 구연동화로 재생 됩니다.

- '소중하고 귀여운 아들' 이야기와 관련한 한자를 공부해 봅시다.
- 부모님에 대한 진정한 효를 생각해 봅시다.

자식이 없어 걱정하던 부부가 살고 있었습니다.

부부는 **山寺**(산사)에 가서 정성껏 기도를 드렸
산사 : 산 속에 있는 절

습니다. 그 덕분이었는지 오십이 넘은 나이에 **畫家**(화
화가 : 그림 그리는 것을 직업으로 하는 사람

가)가 붓으로 그린 듯 잘 생긴 아들을 얻었습니다.

부부는 뒤늦게 얻은 아들을 금이야 옥이야 귀하게 길렀습니다. **病弱**(병약)
병약 : 병을 앓아 몸이 약함

하게 태어난 아들을 위하여 여기저기 유명한 **醫師**(의사)를 찾아다니며 키우
의사 : 환자를 진찰하고 치료하는 일을 직업으로 하는 사람

느라 **苦生**(고생)도 많았습니다.
고생 : 어렵고 고된 일을 겪음

아들이 제법 자라 아장아장 걸으며 재롱을 떠는 모습에 마냥 행복하였습니다.

"아가야, 저기 가서 엄마 한 대 때려보아라."

아버지의 장난에 어린 아들은 아장아장 걸어가서 **私心**(사심)없이 어머니
사심 : 사사로운 마음

의 얼굴을 한 대 때렸습니다. 번갈아 장난을 할 때마다 부부는 아들을 꼬옥 안아 주며 대견하다는 표정을 지었습니다.

이런 **과정**[科(과)]이 되풀이 되면서 어린 아들은 누가 시키지 않아도 부모님을 한 대씩 때렸습니다. 이런 아들이 체구가 發達(발달)하여 힘이 세어지더니
발달 : 사물이 이전보다 더 좋게, 크게 변하는 것
建物(건물) 안의 물건을 함부로 使用(사용)하거나 집어 던지기도 하였습
건물 : 땅 위에 세워 이룬 집   사용 : 물건을 씀
니다. 그러나 부모님은 아들을 사랑하는 마음에 꾸중을 하지 않았습니다.

아들이 바르지 못한 행동을 하여도 꾸짖거나 책망하는 者(자)가 아무도 없었습니다.

寺 절 **사**   畫 그림 **화**, 그을 **획**   病 병들 **병**   醫 의원 **의**   苦 괴로울 **고**   私 사사로울 **사**

科 과정 **과**   發 필 **발**   建 세울 **건**   物 만물 **물**   使 부릴 **사**   者 놈, 사람 **자**

山 메 **산**   家 집 **가**   弱 약할 **약**   師 스승 **사**   生 날 **생**   心 마음 **심**   達 이를 **달**   用 쓸 **용**

1. 소중하고 귀여운 아들 123

 **절 사**

寸부 3획 (총6획)

寺 ㊥ shì

 일정한 땅(土)에서 법도(寸)를 지키니 '절 사'
+ 土(흙 토), 寸(마디 촌, 법도 촌)

뜻 활용
- 山**寺**(산사) : 산 속에 있는 절. (山:메 산)
  - 山**寺**(산사)의 조용한 아침이 밝았습니다.
- **寺**刹(사찰) : 절. (刹:절 찰)
  - 이번 방학에는 전국의 **寺**刹(사찰)을 둘러볼 생각입니다.

 **그림 화, 그을 획**

田부 8획 (총13획)

画 ㊥ huà

 붓(聿)으로 밭(田) 하나(一)를 그리니 '그림 화', '그을 획'
+ 聿(붓 율), 田(밭 전), 凵(입벌릴 감)

뜻 활용
- **畫**家(화가) : 그림 그리는 것을 직업으로 하는 사람. (家:집 가)
- 언니의 장래 꿈은 **畫**家(화가)가 되는 것입니다.
- 書**畫**(서화) : 글씨와 그림. (書:글 서)
- 일요일에 어머니와 함께 삼촌의 書**畫**(서화)전에 다녀왔습니다.

寺寺寺寺寺寺					畫畫畫畫畫畫畫畫畫畫畫畫畫					
寺	寺				畫	畫				
절 사	절 사				그림 화	그림 화				

 뒤늦은 효자

病 병들 병

疒부 5획 (총10획)

病 中 bìng

병들어(疒) 불을 밝혀(丙) 놓아야 할 정도니 '병들 병'
+ 疒(병들 녁), 丙(남녘 병, 밝을 병)

- **問病(문병)** : 앓는 사람을 찾아보고 위문함. (問:물을 문)
  - 큰어머니께서 편찮으셔서 **問病(문병)**을 갔습니다.

- **病弱(병약)** : 병을 앓아 몸이 약함. (弱:약할 약)
  - **病弱(병약)**한 승민이는 음식을 골고루 먹고, 운동도 열심히 하여 건강을 되찾았습니다.

醫 의원 의

酉부 11획 (총18획)

医 中 yī

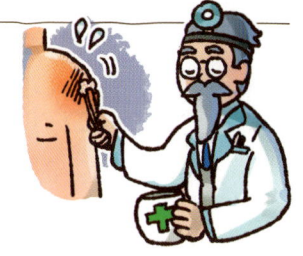

상자(匚)처럼 패이고 화살(矢)과 창(殳)에 찔린 곳을 약술(酉)로 소독하고 치료하는 사람이니 '의원 의' + 匚(상자 방), 矢(화살 시), 殳(칠 수, 창 수, 몽둥이 수), 酉(술그릇 유, 술 유)

- **醫學(의학)** : 질병 치료에 관한 학문. (學:배울 학)
  - 미국은 **醫學(의학)**이 발달된 나라입니다.

- **醫師(의사)** : 병을 치료, 진찰 하는 직업을 가진 사람. (師:스승 사)
  - 정환이는 훌륭한 **醫師(의사)**가 되기 위해 열심히 공부합니다.

病病病病病病病病病病						醫醫醫醫醫醫醫醫醫醫醫醫醫醫醫醫醫醫											
病	病					醫	醫										
병들 병	병들 병					의원 의	의원 의										

수행평가

🐦 다음 한자(漢字)의 훈(訓)과 음(音)을 찾아 그 번호를 쓰시오.

1. 畫 (   )   ① 그림 화   ② 스승 사   ③ 의원 의   ④ 이를 달
2. 病 (   )   ① 낳을 산   ② 꺼질 소   ③ 병들 병   ④ 마음 심

🐦 다음의 훈(訓)과 음(音)에 맞는 한자(漢字)를 찾아 그 번호를 쓰시오.

3. 절 사   (   )   ① 家   ② 寺   ③ 師   ④ 史
4. 의원 의 (   )   ① 意   ② 義   ③ 衣   ④ 醫

🐦 다음의 뜻에 맞는 한자어(漢字語)를 고르시오.

5. 산 속에 있는 절   (   )   ① 奉仕 ② 山寺 ③ 化石 ④ 希望
6. 그림 그리는 것을 직업으로 하는 사람 (   )   ① 畫家 ② 過去 ③ 道理 ④ 交通
7. 병을 치료, 진찰하는 직업을 가진 사람 (   )   ① 知識 ② 先頭 ③ 醫師 ④ 産母

🐦 다음 글을 읽고 한자어(漢字語)의 독음(讀音)을 쓰시오.

8. 동생은 病弱(   )하여 부모님이 늘 걱정하십니다.

🐦 다음 글을 읽고 물음에 답하시오.

9. 다음 중 '寺'와 음(音)이 같은 한자(漢字)를 고르시오.   (   )
   ① 中   ② 史   ③ 用   ④ 達

10. 다음 □ 안에 공통으로 들어갈 수 있는 한자(漢字)를 고르시오.

    □學, 名□, □師   (   )
    ① 每   ② 畫   ③ 讀   ④ 醫

괴로울 고

艹(艹)부 5획 (총9획)

苦 中 kǔ

풀(艹), 즉 나물도 오래(古)되면 쇠어서 쓰니 '쓸 고'
+ 艹(풀 초), 古(오랠 고, 옛 고)

- 苦心(고심) : 마음을 태우며 애를 씀. (心:마음 심)
  – 친구의 부탁을 들어줘야 할지 몹시 苦心(고심)하고 있습니다.

- 苦生(고생) : 어렵고 궁색한 생활. (生:날 생)
  – 영아는 어머니가 일찍 돌아가셔서 苦生(고생)을 많이 하고 자랐습니다.

사사로울 사

禾부 2획 (총7획)

私 中 sī 반의어 公(공 공)

벼(禾)를 사사로이(厶) 소유하니 '사사로울 사'
+ 禾(벼 화), 厶(사사 사, 나 사)

- 私心(사심) : 사사로운 마음. (心:마음 심)
  – 공적인 일을 처리할 때에는 私心(사심)없이 해야 합니다.

- 私財(사재) : 개인의 재산. (財:재물 재)
  – 그 할머니는 私財(사재)를 모두 고아원에 맡기셨습니다.

苦苦苦苦苦苦苦苦苦					私私私私私私私					
苦	苦				私	私				
괴로울 고	괴로울 고				사사로울 사	사사로울 사				

과정 과

禾부 4획 (총9회)

科 中 kē

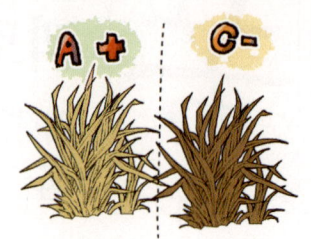

벼(禾)의 양을 말(斗)로 헤아려 품질과 용도에 따라 나누니 '과정 과'
+ 禾(벼 화), 斗(말 두)

- **科**目(과목) : 학문의 구분이나 분류. (目:조목 목)
  - 내가 제일 좋아하는 **科**目(과목)은 체육입니다.
- 内**科**(내과) : 속병을 고치는 의술. (內:안 내)
  - 어머니께서는 위장병 때문에 内**科**(내과)에 다니십니다.

필 발

癶부 7획 (총12회)

发 中 fā, fà

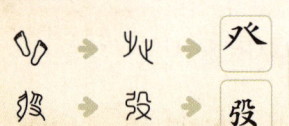

걸어가(癶) 활(弓)과 창(殳)을 쏘면 전쟁이 일어나니 '필 발', '일어날 발'
+ 癶(등질 발, 걸을 발), 弓(활 궁), 殳(칠 수, 창 수, 몽둥이 수)

- **發**表(발표) : 세상에 널리 알림. (表:겉 표)
  - 오늘 국어 시간에 큰소리로 **發**表(발표)하였습니다.
- **發**達(발달) : 사물이 이전보다 더 좋게, 크게 변하는 것. (達:통달할 달)
  - 의학의 **發**達(발달)로 인간의 평균 수명이 연장되었습니다.

科 科 科 科 科 科 科 科 科							發 發 發 發 發 發 發 發 發 發 發 發						
科	科						發	發						
과정 **과**	과정 과						필 **발**	필 발						

뒤늦은 효자

 **세울 건**

廴부 6획 (총9획)

建 中 jiàn

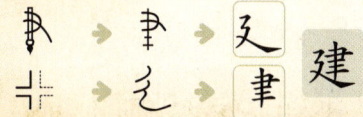 붓(聿)으로 길게 써가며(廴) 계획을 세우니 '세울 건'
+ 聿(붓 율), 廴(길게 걸을 인)

- **建設(건설)** : 건물이나 시설 등을 새로 만들어 세움. (設:세울 설)
  - 아버지는 **建設(건설)** 회사에 다니십니다.
- **建議(건의)** : 의견을 말함. (議:의논할 의)
  - 학교에 우리들의 요구사항을 **建議(건의)** 하였습니다.

 **만물 물**

牛부 4획 (총8획)

物 中 wù

 소(牛)를 팔아 없애서(勿) 사는 것이니 '만물 물'
+ 牛(소 우), 勿(말 물, 없을 물)

- **人物(인물)** : 어떤 가치 있는 일을 한 사람. (人:사람 인)
  - 우리 고장에서 뛰어난 **人物(인물)** 이 많이 나왔습니다.
- **建物(건물)** : 땅 위에 세워 이룬 집. (建:세울 건)
  - 우리 동네에도 새로운 **建物(건물)** 들이 많이 들어섰습니다.

建建建建建建建建建				物物物物物物物物			
建	建			物	物		
세울 건	세울 건			만물 물	만물 물		

수행평가

🐦 다음 한자(漢字)의 훈(訓)과 음(音)을 찾아 그 번호를 쓰시오.

1. 私 (   )   ① 약할 약   ② 사사로울 사   ③ 잃을 실   ④ 쾌활할 쾌
2. 發 (   )   ① 농사 농   ② 공평할 공   ③ 필 발   ④ 펼 전

🐦 다음의 훈(訓)과 음(音)에 맞는 한자(漢字)를 찾아 그 번호를 쓰시오.

3. 괴로울 고 (   )   ① 苦   ② 告   ③ 固   ④ 故
4. 과정 과 (   )   ① 果   ② 氣   ③ 深   ④ 科

🐦 다음의 뜻에 맞는 한자어(漢字語)를 고르시오.

5. 사사로운 마음   (   )   ① 行動   ② 私心   ③ 決心   ④ 心理
6. 어렵고 괴로운 생활 (   )   ① 幸福   ② 師道   ③ 萬里   ④ 苦生
7. 땅 위에 지은 집   (   )   ① 建物   ② 意志   ③ 勞動   ④ 湖水

🐦 다음 글을 읽고 한자어(漢字語)의 독음(讀音)을 쓰시오.

8. 요즈음 정보 통신 산업이 매우 發達(   )하였습니다.

🐦 다음 글을 읽고 물음에 답하시오.

9. 다음 중 '科'와 음(音)이 같은 한자(漢字)를 고르시오.   (   )

   ① 線   ② 好   ③ 果   ④ 商

10. 다음 □ 안에 공통으로 들어갈 수 있는 한자(漢字)를 고르시오.

    □表, □明, □病   (   )

    ① 發   ② 私   ③ 畵   ④ 病

1. 소중하고 귀여운 아들

부릴 사
亻 부 6획 (총8획)

使 中 shǐ

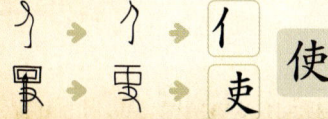

사람(亻)이 관리(吏)로 하여금 일을 하도록 시키니 '부릴 사'

+ 亻 = 人(사람 인), 吏(관리 리)

- **使用(사용)** : 물건을 씀. (用:쓸 용)
  - 다식을 만들 때는 콩, 깨, 밤 등의 가루를 **使用(사용)**합니다.

- **使命(사명)** : 지워진 임무. (命:명령할 명, 목숨 명)
  - 교사의 **使命(사명)**은 학생을 교육하는 것입니다.

놈, 사람 자
老(耂)부 5획 (총9획)

者 中 zhě

노인(耂)이 낮추어 말하니(白) '놈 자', '사람 자'

+ 耂(늙을 로 엄), 白(흰 백, 밝을 백, 깨끗할 백, 말할 백)

- **富者(부자)** : 살림이 넉넉한 사람. (富:부자 부)
  - 어느 마을에 한 **富者(부자)**가 살고 있었습니다.

- **學者(학자)** : 학문을 연구하여 능통한 사람. (學:배울 학)
  - 지원이 아버지는 유명한 국어 **學者(학자)**이십니다.

使 使 使 使 使 使 使 使		者 者 者 者 者 者 者 者 者	
使	使	者	者
부릴 사	부릴 사	놈 자	놈 자

수행평가

● 다음 한자(漢字)의 훈(訓)과 음(音)을 찾아 그 번호를 쓰시오.

1. 使 (   )   ① 부릴 사   ② 근심 환   ③ 슬플 비   ④ 뿌리 근
2. 者 (   )   ① 어려울 란   ② 시골 향   ③ 놈 자   ④ 어질 현

● 다음의 훈(訓)과 음(音)에 맞는 한자(漢字)를 찾아 그 번호를 쓰시오.

3. 놈 자 (   )   ① 發   ② 者   ③ 私   ④ 苦
4. 부릴 사 (   )   ① 建   ② 畵   ③ 使   ④ 醫

● 다음의 뜻에 맞는 한자어(漢字語)를 고르시오.

5. 물건을 씀 (   )   ① 必要   ② 使用   ③ 財産   ④ 理由
6. 병이 든 사람 (   )   ① 留學   ② 首席   ③ 賞品   ④ 病者
7. 개인이 물건을 사용함 (   )   ① 私用   ② 惡用   ③ 農夫   ④ 漁夫

● 다음 글을 읽고 한자어(漢字語)의 독음(讀音)을 쓰시오.

8. 한자 공부는 어휘 活用(   )에 많은 도움이 됩니다.

● 다음 글을 읽고 물음에 답하시오.

9. 다음 중 '使'와 음(音)이 같은 한자(漢字)를 고르시오.   (   )
   ① 最   ② 族   ③ 質   ④ 事

10. 다음 □ 안에 공통으로 들어갈 수 있는 한자(漢字)를 고르시오.

    富□, 學□, 記□   (   )

    ① 禁   ② 者   ③ 宿   ④ 取

🐦 다음 한자(漢字)의 훈(訓)과 음(音)을 쓰시오.

1. ① 畫 (   )   ② 建 (   )

🐦 다음의 뜻에 맞는 사자성어(四字成語)를 〈보기〉에서 찾아 그 번호를 쓰시오.

보기 | ① 良藥苦口   ② 非一非再

2. 좋은 약은 입에 씀. 충언은 귀에 거슬리나 몸에 이로움. – (   )

3. 한 두번이 아니고 번번이 그러함. – (   )

🐦 다음 글을 읽고 물음에 답하시오.

4. 다음 중 '醫'와 음이 같은 한자(漢字)를 고르시오.   (   )
　① 學　　② 殺　　③ 萬　　④ 衣

5. 다음 한자(漢字)의 독음(讀音)이 서로 <u>다른</u> 것을 고르시오.   (   )
　① 病 – 醫　　② 私 – 事　　③ 苦 – 固　　④ 科 – 過

6. 다음 중 뜻이 서로 상대되는 것끼리 짝지어진 것을 고르시오.   (   )
　① 醫師　　② 公私　　③ 私心　　④ 發達

7. 다음 중 뜻이 서로 비슷한 것끼리 짝지어진 것을 고르시오.   (   )
　① 愛人　　② 文物　　③ 發展　　④ 病者

8. 다음 중 '畫'와 어울리는 한자(漢字)를 고르시오.   (   )
　① 生　　② 者　　③ 家　　④ 心

🐦 다음의 어원(語原)에 해당하는 한자(漢字)를 고르시오.

9. 노인이 사람을 낮추어 말함. (   )
　① 師　　② 物　　③ 者　　④ 苦

🐦 〈보기〉에서 한자(漢字)를 찾아 끝말잇기를 해 보시오.

보기 | 科   本   意

10. 使用 – 用(   ) – (   )見 – 見(   )

한자 쓰기

아래 그림을 보고 그 사람과 어울리는 직업을 한자(韓字)로 쓰고 색칠을 해 봅시다.

2 뒤늦게 잘못을 깨달은 아들

QR을 찍으면 구연동화로 재생 됩니다.

- 이동, 낙엽 등의 한자어 및 이야기 관련 한자를 공부해 봅시다.
- 아들의 마음이 어떻게 바뀌어졌는지 알아봅시다.

아들이 점점 자라서 청년이 되었습니다.

청년이 되어서도 여전히 부모님을 때렸습니다. 귀엽고 예쁘기만 하던 아들의 주먹이 이제는 한번 때리면 얼마나 아픈지 이[齒(치)]가 흔들릴 지경입니다.

"여보 우리가 아들을 잘못 키운 것 같소. 우리 아들이 어려서부터 부모를 때리는 것이 효도인 줄 알고 있으니 어쩐단 말이오. 차라리 아들을 멀리 보냅시다."

아들이 때리는 것을 견디다 못한 늙은 부모는 이 此(차)에 아들에게 陸地

육지 : 물에 잠기지 않은 땅

(육지)에 나가 생선 장수를 하도록 했습니다. 아들은 생선 지게를 짊어지고 都市(도시)로 나갔습니다. 지게

도시 : 정치, 경제, 문화의 중심이 되는 지역

를 지고 여기저기 移動(이동)하며 장사를 시작했습

이동 : 움직여서 자리를 바꾸는 것

니다.

"생선 사시오. 아주 싱싱하고 좋은 생선이 왔습니다."

목청껏 외치는 소리를 듣고 한 젊은이가 달려나왔습니다.

젊은이는 지게에 있는 생선 중에 제일 크고 싱싱한 것과 보잘 것 없는 것을 각각 골랐습니다. 그리고 좋은 생선은 아무말도 없이 비싼 값을 치르고, 보잘 것 없는 생선의 값은 형편없이 깎는 것이었습니다. 아들은 젊은이가 셈[算(산)]을 잘 모르고 값을 깎는것에 불만을 갖고 따졌습니다.

그러자 젊은이는 그 이유를 말하였습니다.

"좋은 생선은 부모님께 드리려고 산 것입니다. 부모님은 자식을 기르느라 마치 떨어지는 落葉(낙엽)처럼 기운이 없습니다. 그리고 永遠(영원)히 모실 수 있는 분이 아닙니다. 그러니 비싼 값을 주고 최고의 음식으로 대접해야지요."

낙엽 : 나뭇잎이 떨어짐
영원 : 어떤 상태가 끊임없이 이어짐

이에 자신의 불효를 깨달은 아들은 故鄕(고향)으로 돌아와 부모님이 일어나서[起(기)] 주무실 때까지 정성을 다하여 효를 행하는데 힘써[勉(면)] 노력하였습니다.

고향 : 태어나서 자란 곳

새로 배우는 한자

| 齒 이 **치** | 此 이 **차** | 陸 뭍 **륙(육)** | 都 도읍 **도** | 移 옮길 **이** | 算 셈할 **산** |
| 落 떨어질 **락(낙)** | 葉 잎 **엽** | 永 길 **영** | 故 옛, 연고 **고** | 起 일어날 **기** | 勉 힘쓸 **면** |

이미 배운 한자

地 땅 **지**　　市 저자 **시**　　動 움직일 **동**　　遠 멀 **원**　　鄕 시골 **향**

1. 소중하고 귀여운 아들

 이 **치**
齒부 0획 (총15획)

齿 中 chǐ

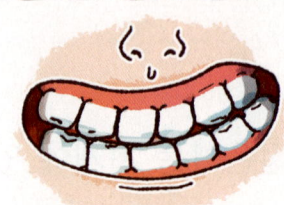

 그쳐(止) 윗니(人人)와 나란히(一) 아랫니(人人)가 벌린 입(凵) 속에 있는 모양에서 '이 치'
+ 止(그칠 지), 凵(입벌린 감, 위 터진 그릇 감)

- 齒科(치과) : 이의 병을 치료하는 병원. (科:과정 과)
  - 나의 장래 희망은 齒科(치과) 의사가 되는 것입니다.

- 養齒(양치) : 이를 닦고 입안을 헹궈 내는 일. (養:기를 양)
  - 식사 후에는 꼭 養齒(양치)를 합니다.

 이 **차**
止부 2획 (총6획)

此 中 cǐ

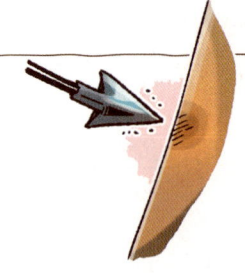

 멈추어(止) 비수(匕)로도 찌를 만한 것이니 (가까운 것을 나타내어) '이 차'
+ 止(그칠 지), 匕(비수 비)

- 此後(차후) : 이 다음, 이 뒤. (後:뒤 후)
  - 소풍 장소는 此後(차후)에 결정하기로 하였습니다.

- 此日彼日(차일피일) : 오늘 내일하고 미루는 것. (日:날 일, 彼:저 피)
  - 오늘 할 일을 此日彼日(차일피일) 미루는 어린이가 되지 맙시다.

齒齒齒齒齒齒齒齒齒齒齒齒齒					此此此此此此				
齒	齒				此	此			
이 치	이 치				이 차	이 차			

 1. 소중하고 귀여운 아들

陸 뭍 륙(육)

阝 부 8획 (총11획)

陆 中 lù, liù

언덕(阝)과 언덕(坴)이 높고 낮게 깔린 곳이니 '뭍 륙', '육지 륙'
+ 阝 = 阜(언덕 부), 坴(언덕 륙)

 뜻 활용

- 大**陸**(대륙) : 지구상의 커다란 육지. (大:큰 대)
  - 우리나라는 아시아 大**陸**(대륙)에 속해 있습니다.

- **陸**地(육지) : 물에 잠기지 않은 땅. (地:땅 지)
  - 섬과 **陸**地(육지)를 잇는 다리의 개통으로 섬 주민들이 편리해졌습니다.

都 도읍 도

阝 부 9획 (총12획)

都 中 dōu, dū

사람(者)들이 많이 사는 고을(阝)이니 '도읍 도'
+ 者(놈 자), 阝 = 邑(고을 읍)

 뜻 활용

- **都**市(도시) : 정치, 경제, 문화의 중심이 되는 지역. (市:저자 시)
  - 어느 작은 **都**市(도시)에 허름한 구두 가게가 있었습니다.

- **都**心(도심) : 도시의 중심부. (心:가운데 심, 마음 심)
  - 대형 화물차는 **都**心(도심)을 통과할 수 없습니다.

陸	陸				都	都			
뭍 륙	뭍 륙				도읍 도	도읍 도			

수행평가

🐥 다음 한자(漢字)의 훈(訓)과 음(音)을 찾아 그 번호를 쓰시오.

1. 齒 (   )   ① 움직일 동 ② 다할 극   ③ 이 치   ④ 볼 관
2. 陸 (   )   ① 뭍 륙   ② 씻을 세   ③ 꺼질 소   ④ 코 비

🐥 다음의 훈(訓)과 음(音)에 맞는 한자(漢字)를 찾아 그 번호를 쓰시오.

3. 도읍 도 (   )   ① 地   ② 都   ③ 動   ④ 經
4. 이 차   (   )   ① 能   ② 眼   ③ 終   ④ 此

🐥 다음의 뜻에 맞는 한자어(漢字語)를 고르시오.

5. 물에 잠기지 않은 땅 (   )   ① 夜光 ② 陸地 ③ 移植 ④ 協定
6. 이의 병을 치료하는 병원 (   )   ① 齒科 ② 強要 ③ 飮料 ④ 是正
7. 이 다음 (   )   ① 及第 ② 天才 ③ 車線 ④ 此後

🐥 다음 글을 읽고 한자어(漢字語)의 독음(讀音)을 쓰시오.

8. 都市 (   )는 사람이 많고 교통이 복잡합니다.

🐥 다음 글을 읽고 물음에 답하시오.

9. 다음 중 '陸'과 음(音)이 같은 한자(漢字)를 고르시오.   (   )
   ① 官   ② 肉   ③ 億   ④ 婦

10. 다음 □ 안에 공통으로 들어갈 수 있는 한자(漢字)를 고르시오.

    □市, 首□, □邑   (   )
   ① 特   ② 賢   ③ 都   ④ 公

뒤늦은 효자

1. 소중하고 귀여운 아들

옮길 이
禾부 6획 (총11획)
移 中 yí

못자리의 벼(禾)가 많이(多) 자라면 옮겨 심으니 '옮길 이'
+ 禾(벼 화), 多(많을 다)

- 移民(이민) : 외국으로 이사를 가서 삶. (民:백성 민)
  - 지영이네는 가을에 미국으로 移民(이민)을 갈 예정입니다.
- 移動(이동) : 움직여서 자리를 바꾸는 것. (動:움직일 동)
  - 추석 명절에 민족의 대移動(이동)이 시작되었습니다.

셈할 산
竹부 8획 (총14획)
算 中 suàn

대(竹)로 눈(目)알처럼 깎아 만든 주판을 받쳐들고(廾) 셈하니 '셈할 산'
+ 竹(대 죽), 目(눈 목), 廾(스물 입, 두 손으로 받들 공)

- 暗算(암산) : 머리만으로 계산함. (暗:어두울 암)
  - 지영이는 暗算(암산)을 아주 잘 합니다.
- 合算(합산) : 합하여 계산함. (合:합할 합)
  - 형과 내가 고른 물건값을 合算(합산)해 보았습니다.

移移移移移移移移移移移				算算算算算算算算算算算算算算			
移	移			算	算		
옮길 이	옮길 이			셈할 산	셈할 산		

落 떨어질 락(낙)

艹(艹)부 9획 (총13획)

落　中 là, luò

풀(艹)에 맺힌 물(氵)방울이 각각(各) 떨어지니 '떨어질 락'
+ 艹 = 艸(풀 초), 氵 = 水(물 수), 各(각각 각)

- 落島(낙도) : 육지로부터 멀리 떨어져 있는 작은 섬. (島:섬 도)
  - 우리 학교는 落島(낙도) 어린이들을 서울로 초청하였습니다.
- 落心(낙심) : 바라던 일이 되지 않아 마음이 상함. (心:마음 심)
  - 형은 입시에 실패했어도 결코 落心(낙심)하거나 포기하지 않았습니다.

葉 잎 엽

艹(艹)부 9획 (총13획)

叶　中 yè, xié

풀(艹)처럼 세대(世)마다 나무(木)에 나는 것이니 '잎 엽'
+ 艹 = 艸(풀 초), 世(세대 세, 세상 세), 木(나무 목)

- 落葉(낙엽) : 나뭇잎이 떨어짐. (落:떨어질 락)
  - 보도 위에 落葉(낙엽)이 수북이 쌓여 있습니다.
- 葉書(엽서) : 우편 엽서의 줄인 말. (書:글 서)
  - 葉書(엽서)에 퀴즈 정답을 써서 방송국으로 보냈습니다.

1. 소중하고 귀여운 아들

길 영

水부 1획 (총5획)

永 ㊥ yǒng

높은 산 한 방울(丶)의 물(水)도 길게 오랜 세월 흘러 강과 바다을 이루니 '길 영'
+ 丶(점 주), 水(물 수)

- **永遠(영원)**: 어떤 상태가 끊임없이 이어짐. (遠:멀 원)
  - 수학여행의 즐거운 추억을 永遠(영원)히 간직하고 싶습니다.
- **永久(영구)**: 길고 오램. 오래 계속되어 끊임이 없음. (久:오랠 구)
  - 문화재는 永久(영구)적으로 보존되어야 합니다.

옛, 연고 고

攵(攴)부 5획 (총9획)

故 ㊥ gù

오래된(古) 일이지만 하나씩 짚으며(攵) 연고를 물으니 '옛 고', '연고 고'
+ 古(오랠 고, 옛 고), 攵(칠 복)

- **事故(사고)**: 뜻밖에 일어난 일. (事:일 사)
  - 어린이 교통 事故(사고)가 늘어나고 있습니다.
- **故鄕(고향)**: 태어나서 자란 곳. (鄕:시골 향)
  - 명절에는 故鄕(고향)을 찾아가는 사람들이 많이 있습니다.

永永永永永						故故故故故故故故故						
永	永					故	故					
길 영	길 영					연고 고	연고 고					

수행평가

● 다음 한자(漢字)의 훈(訓)과 음(音)을 찾아 그 번호를 쓰시오.

1. 移 (   )   ① 옮길 이   ② 한나라 한   ③ 살필 찰   ④ 머무를 류
2. 算 (   )   ① 헤아릴 량 ② 볼 견   ③ 갚을 보   ④ 셈할 산

● 다음의 훈(訓)과 음(音)에 맞는 한자(漢字)를 찾아 그 번호를 쓰시오.

3. 떨어질 락 (   )   ① 怒   ② 落   ③ 創   ④ 造
4. 길 영   (   )   ① 界   ② 親   ③ 永   ④ 京

● 다음의 뜻에 맞는 한자어(漢字語)를 고르시오.

5. 합하여 계산함 (   )   ① 秋夕 ② 合算 ③ 暗行 ④ 草原
6. 나뭇잎이 떨어짐 (   )   ① 落葉 ② 育林 ③ 高級 ④ 所重
7. 어떤 상태가 끊임없이 이어짐 (   )   ① 地位 ② 校庭 ③ 早朝 ④ 永遠

● 다음 글을 읽고 한자어(漢字語)의 독음(讀音)을 쓰시오.

8. 故鄕(   )은 자기가 태어나서 자란 곳입니다.

● 다음 글을 읽고 물음에 답하시오.

9. 다음 중 '故'와 음(音)이 같은 한자(漢字)를 고르시오.   (   )
   ① 黃   ② 公   ③ 競   ④ 固

10. 다음 □ 안에 공통으로 들어갈 수 있는 한자(漢字)를 고르시오.
    □民, □動, □植   (   )
    ① 等   ② 移   ③ 察   ④ 製

1. 소중하고 귀여운 아들

일어날 기

走부 3획 (총10획)

起 中 qǐ

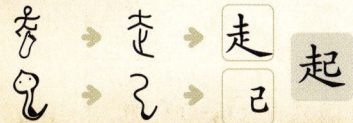

달리려고(走) 몸(己)이 일어나니 '일어날 기'
+ 走(달릴 주), 己(몸 기, 자기 기)

- 起工(기공) : 공사를 시작함. (工:장인 공)
  - 起工(기공)식이 끝나자 본격적인 공사가 진행되었습니다.
- 起用(기용) : 인재를 뽑아 씀. (用:쓸 용)
  - 세종대왕께서는 신분을 가리지 않고 인재를 起用(기용) 하셨습니다.

힘쓸 면

力부 7획 (총9획)

勉 中 miǎn

(책임을) 면하려고(免) 힘(力)쓰니 '힘쓸 면'
+ 免(면할 면), 力(힘 력)

- 勤勉(근면) : 부지런히 힘씀. (勤:부지런할 근)
  - 勤勉(근면)하게 노력하는 사람만이 성공할 수 있습니다.
- 勉學(면학) : 학문에 힘씀. (學:배울 학)
  - 대학 도서관에 가면 勉學(면학)의 열기가 한껏 느껴집니다.

起 起 起 起 起 起 起 起 起 起						勉 勉 勉 勉 勉 勉 免 免 勉					
起	起					勉	勉				
일어날 기	일어날 기					힘쓸 면	힘쓸 면				

수행평가

다음 한자(漢字)의 훈(訓)과 음(音)을 찾아 그 번호를 쓰시오.

1. 起 (　　) ① 억 억　② 이을 접　③ 뿔 각　④ 일어날 기
2. 勉 (　　) ① 힘쓸 면　② 어두울 암　③ 코 비　④ 셈할 계

다음의 훈(訓)과 음(音)에 맞는 한자(漢字)를 찾아 그 번호를 쓰시오.

3. 움직일 동 (　　) ① 公　② 動　③ 特　④ 筆
4. 시골 향 (　　) ① 霜　② 買　③ 號　④ 鄕

다음의 뜻에 맞는 한자어(漢字語)를 고르시오.

5. 인재를 뽑아 씀 (　　) ① 自由　② 起用　③ 祝電　④ 參見
6. 학문에 힘씀 (　　) ① 入學　② 德望　③ 勉學　④ 考案
7. 부지런히 힘씀 (　　) ① 勤勉　② 回答　③ 時期　④ 境界

다음 글을 읽고 한자어(漢字語)의 독음(讀音)을 쓰시오.

8. 연극이 끝나자 사람들은 모두 起立(　　) 박수를 쳤습니다.

다음 글을 읽고 물음에 답하시오.

9. 다음 중 '勉'과 음(音)이 같은 한자(漢字)를 고르시오. (　　)
   ① 熱　② 雪　③ 面　④ 島

10. 다음 □ 안에 공통으로 들어갈 수 있는 한자(漢字)를 고르시오.

    □工, □立, □動　(　　)
    ① 浴　② 姓　③ 良　④ 起

단원평가

🐦 다음 한자(漢字)의 훈(訓)과 음(音)을 쓰시오.

1. ① 齒 (   )   ② 都 (   )

🐦 다음의 뜻에 맞는 사자성어(四字成語)를 〈보기〉에서 찾아 그 번호를 쓰시오.

보기   ① 先公後私   ② 牛耳讀經

2. 공적인 일은 먼저 앞세우고 사사로운 일은 뒤로 함. – (   )

3. 소의 귀에 경 읽기 – (   )

🐦 다음 글을 읽고 물음에 답하시오.

4. 다음 중 '起'와 음(音)이 같은 한자(漢字)를 고르시오.   (   )
   ① 氣   ② 故   ③ 葉   ④ 殺

5. 다음 한자(漢字)의 독음(讀音)이 서로 <u>다른</u> 것을 고르시오.   (   )
   ① 算 – 産   ② 故 – 高   ③ 永 – 榮   ④ 葉 – 起

6. 다음 중 뜻이 서로 상대되는 것끼리 짝지어진 것을 고르시오.   (   )
   ① 天地   ② 故鄕   ③ 休日   ④ 漁夫

7. 다음 중 뜻이 서로 비슷한 것끼리 짝지어진 것을 고르시오.   (   )
   ① 落葉   ② 都市   ③ 移動   ④ 陸地

8. 다음 중 '都'와 어울리는 한자(漢字)를 고르시오.   (   )
   ① 勉   ② 算   ③ 市   ④ 此

🐦 다음의 어원(語原)에 해당하는 한자(漢字)를 고르시오.

9. 많은 사람들이 모여 사는 고을 (   )
   ① 所   ② 都   ③ 奉   ④ 暗

10. 다음 (   )안에 공통으로 들어갈 수 있는 한자(漢字)를 고르시오. (   )

    보기   暗(   ), 合(   ), 計(   )

    ① 算   ② 行   ③ 合   ④ 同

한자어 만들기

짝을 이루어 낱말이 될 수 있는 한자(韓字)를 줄로 연결해 봅시다.
그리고 어울리는 그림을 찾아 이어 봅시다.

214字 부수(部首) 일람표

부수한자를 QR로 확인하세요.

1획

一	한 일
丨	뚫을 곤
丶	점 주
丿	삐칠 별(삐침)
乙(乚)	새 을
亅	갈고리 궐

2획

二	두 이
亠	머리 두(돼지머리 해)
人(亻)	사람 인(인변)
儿	어진사람 인
入	들 입
八	여덟 팔
冂	멀 경(멀경몸)
冖	덮을 멱(민갓머리)
冫(氷)	얼음 빙(이수변)
几	안석 궤(책상궤)
凵	입 벌일 감(위터진 입 구)
刀(刂)	칼 도(선칼 도)
力	힘 력
勹	쌀 포
匕	비수 비, 숟가락 비
匚	상자 방(터진 입 구)
匸	감출 혜(터진 에운 담)
十	열 십
卜	점 복
卩(㔾)	병부 절(마디 절)
厂	굴바위 엄, 민엄 호, 언덕 한
厶	사사로울 사(마늘 모)
又	또 우, 오른손 우

3획

口	입 구
囗	에울 위(큰입 구)
土	흙 토
士	선비 사
夂	뒤져 올 치
夊	천천히 걸을 쇠
夕	저녁 석
大	큰 대
女	여자 여
子	아들 자
宀	집 면(갓머리)
寸	마디 촌
小	작을 소
尢(尣)	절름발이 왕
尸	주검 시
屮	싹날 철(풀 초)
山	메, 산 산
巛(川)	내 천(개미허리)
工	장인 공
己	몸 기
巾	수건 건(헝겊 건)
干	방패 간
幺	작을 요(어릴 요)
广	바위집 엄(엄 호)
廴	길게 걸을 인(민책받침)
廾	손 맞을 공(스물 입)
弋	주살 익
弓	활 궁
彐(彑)	돼지머리 계(터진가로 왈)
彡	터럭 삼(삐친 석 삼)
彳	두인 변(조금 걸을 척)

4획

心(忄)	마음 심(심방변)
戈	창 과
戶	지게 호(문 호)
手(扌)	손 수(재방변)
支	지탱할 지
攴(攵)	칠 복(등글월 문)
文	글월 문
斗	말 두
斤	도끼 근(날근변)
方	모 방
无(旡)	없을 무(이미 기)
日	날 일
曰	가로 왈
月	달 월
木	나무 목
欠	하품 흠
止	그칠 지
歹(歺)	뼈앙상할 알(죽을사변)

1. 소중하고 귀여운 아들

214字 부수(部首) 일람표

4획

殳	몽둥이칠 수(갖은등글월 문)
毋	말 무, 없을 무
比	견줄 비
毛	터럭 모
氏	성씨 씨(각시 씨)
气	기운 기
水(氵)	물 수(삼수변)
火(灬)	불 화
爪(爫)	손톱 조
父	아버지 부(아비 부)
爻	사귈 효(점괘 효, 본받을 효)
爿	조각널 장(장수장변)
片	조각 편
牙	어금니 아
牛(牜)	소 우
犬(犭)	개 견(개사슴록변)

5획

玄	검을 현
玉(王)	구슬 옥(임금 왕)
瓜	오이 과
瓦	기와 와
甘	달 감
生	날 생
用	쓸 용
田	밭 전
疋	발 소(짝필변)
疒	병들 녁(병질 엄)
癶	걸을 발(필발머리)
白	흰 백
皮	가죽 피
皿	그릇 명
目	눈 목
矛	창 모
矢	화살 시
石	돌 석
示(礻)	보일 시
禸	짐승 발자국 유
禾	벼 화
穴	구멍 혈
立	설 립

6획

竹	대 죽
米	쌀 미
糸	실 사(실 멱)
缶	장군 부
网(罒)	그물 망
羊(⺸)	양 양
羽	깃 우
老(耂)	늙을 로
而	말 이을 이
耒	쟁기 뢰
耳	귀 이
聿	붓 률
肉(月)	고기 육(육달월변)
臣	신하 신
自	스스로 자
至	이를 지
臼	절구 구(확구)
舌	혀 설
舛	어그러질 천
舟	배 주
艮	그칠 간
色	빛 색
艸(艹)	풀 초(초두)
虍	범 호, 범가죽무늬 호
虫	벌레 충
血	피 혈
行	다닐 행
衣(衤)	옷 의
襾(西)	덮을 아

7획

見	볼 견
角	뿔 각
言	말씀 언
谷	골 곡
豆	콩 두
豕	돼지 시
豸	벌레 치, 해태 치
貝	조개 패
赤	붉을 적
走	달아날 주

7획

足(⻊)	발 족
身	몸 신
車	수레 거, 수레 차
辛	매울 신
辰	별 진, 날 신
辵(辶)	쉬엄쉬엄 갈 착 (책받침)
邑(⻏)	고을 읍 (우부방)
酉	닭 유
釆	분별할 변
里	마을 리

8획

金	쇠 금, 성 김
長(镸)	긴 장
門	문 문
阜(⻖)	언덕 부 (좌부방)
隶	미칠 이
隹	새 추
雨	비 우
靑(青)	푸를 청
非	아닐 비

9획

面	낯 면
革	가죽 혁
韋	가죽 위
韭	부추 구
音	소리 음
頁	머리 혈
風	바람 풍
飛	날 비
食(飠)	밥 식
首	머리 수
香	향기 향

10획

馬	말 마
骨	뼈 골
高	높을 고
髟	머리 늘어질 표 (터럭발 삼)
鬥	싸울 투
鬯	울집 창
鬲	오지병 격
鬼	귀신 귀

11획

魚	물고기 어
鳥	새 조
鹵	소금밭 로
鹿	사슴 록
麥	보리 맥
麻	삼 마

12획

黃	누를 황
黍	기장 서
黑	검을 흑
黹	바느질 치

13획

黽	맹꽁이 맹
鼎	솥 정
鼓	북 고
鼠	쥐 서

14획

鼻	코 비
齊	가지런할 제

15획

齒	이 치

16획

龍	용 룡
龜	거북 귀(구)

17획

龠	피리 약

착한 선비와 불량 선비

1

수행평가

14쪽	1.③	2.①	3.②	4.④	5.②	6.③	7.①	8. 상식	9.②	10.④
18쪽	1.④	2.③	3.②	4.①	5.②	6.④	7.①	8. 환자	9.③	10.②
20쪽	1.②	2.①	3.③	4.①	5.②	6.③	7.①	8. 속담	9.④	10.②

단원평가

21쪽 1. ①씻을 세　②근심 환　2.②, ㄷ　3.①, ㄴ　4.③, ㄱ　5.④　6.①
7.②　8.②　9.③　10.④

2

수행평가

28쪽	1.①	2.②	3.①	4.④	5.①	6.③	7.②	8. 부강	9.②	10.③
32쪽	1.②	2.①	3.①	4.④	5.③	6.②	7.③	8. 평등	9.①	10.④
34쪽	1.②	2.④	3.③	4.④	5.①	6.②	7.④	8. 죽마	9.②	10.③

단원평가

35쪽 1. ①가난할 빈　②찰 만　2.①, ㄴ　3.③, ㄷ　4.②, ㄱ　5.④　6.①
7.③　8.③　9.①　10.④

3

수행평가

42쪽	1.④	2.②	3.②	4.③	5.③	6.①	7.②	8. 독도	9.④	10.②
46쪽	1.②	2.①	3.③	4.①	5.④	6.①	7.②	8. 왕래	9.③	10.②
48쪽	1.③	2.①	3.②	4.④	5.①	6.④	7.②	8. 우애	9.①	10.②

단원평가

49쪽 1. ①갈 왕　②다할 극　2.②, ㄴ　3.①, ㄷ　4.③, ㄱ　5.④　6.②
7.①　8.③　9.③　10.②

4

수행평가

56쪽	1.②	2.①	3.③	4.②	5.③	6.④	7.①	8. 능력	9.②	10.④
60쪽	1.③	2.①	3.④	4.①	5.③	6.①	7.②	8. 절교	9.④	10.②
62쪽	1.③	2.③	3.①	4.②	5.②	6.②	7.④	8. 완전	9.①	10.③

단원평가

63쪽 1. ①상쾌할 쾌　②살 매　2.③　3.①　4.③　5.②　6.②　7.③
8.①　9.④　10.③

공주님의 생일잔치

1

수행평가

70쪽	1.①	2.②	3.④	4.③	5.②	6.①	7.④	8. 객석	9.②	10.③
74쪽	1.②	2.③	3.④	4.①	5.③	6.①	7.④	8. 무수	9.②	10.③
76쪽	1.③	2.①	3.②	4.④	5.②	6.③	7.①	8. 전통	9.②	10.③

단원평가

77쪽 1. ①거둘 수　②굳을 고　2.①　3.③　4.③　5.②　6.①　7.③
8.②　9.③　10.①

참회의 눈물

1

수행평가
- 84쪽: 1.① 2.② 3.③ 4.④ 5.② 6.① 7.③ 8.매일 9.② 10.④
- 88쪽: 1.② 2.① 3.③ 4.④ 5.① 6.② 7.③ 8.자연 9.④ 10.③
- 90쪽: 1.① 2.② 3.③ 4.④ 5.① 6.② 7.① 8.초장 9.④ 10.③

단원평가
- 91쪽: 1.①정성 성 ②읽을 독 2.③,ㄱ 3.②,ㄷ 4.①,ㄴ 5.③ 6.③ 7.④ 8.① 9.③ 10.國,國,心

2

수행평가
- 98쪽: 1.② 2.③ 3.④ 4.① 5.② 6.④ 7.① 8.금식 9.① 10.③
- 102쪽: 1.④ 2.① 3.② 4.③ 5.④ 6.② 7.① 8.숙제 9.② 10.③
- 104쪽: 1.② 2.① 3.③ 4.④ 5.① 6.② 7.③ 8.논문 9.③ 10.④

단원평가
- 105쪽: 1.①제목 제 ②의논할 의 2.②,ㄱ 3.①,ㄷ 4.③,ㄴ 5.① 7.③ 8.③ 9.① 10.①

3

수행평가
- 112쪽: 1.① 2.③ 3.④ 4.② 5.① 6.③ 7.① 8.작금 9.④ 10.③
- 116쪽: 1.③ 2.① 3.④ 4.② 5.① 6.② 7.③ 8.재고 9.③ 10.④
- 118쪽: 1.③ 2.① 3.② 4.④ 5.③ 6.④ 7.② 8.사옥 9.③ 10.②

단원평가
- 119쪽: 1.①상고할 고 ②이를 달 2.②,ㄴ 3.③,ㄷ 4.①,ㄱ 5.③ 6.② 7.③ 8.④ 9.① 10.景,景,光

뒤늦은 효자

1

수행평가
- 126쪽: 1.① 2.③ 3.② 4.④ 5.② 6.① 7.③ 8.병약 9.② 10.④
- 130쪽: 1.② 2.③ 3.① 4.④ 5.② 6.④ 7.① 8.발달 9.③ 10.①
- 132쪽: 1.① 2.③ 3.② 4.③ 5.② 6.④ 7.① 8.활용 9.④ 10.②

단원평가
- 133쪽: 1.①그림 화, 그을 획 ②세울 건 2.① 3.② 4.④ 5.① 6.② 7.③ 8.③ 9.③ 10.意,意,本

2

수행평가
- 140쪽: 1.③ 2.① 3.② 4.④ 5.② 6.① 7.④ 8.도시 9.② 10.③
- 144쪽: 1.① 2.④ 3.② 4.③ 5.① 6.① 7.④ 8.고향 9.④ 10.②
- 146쪽: 1.④ 2.① 3.② 4.④ 5.② 6.③ 7.① 8.기립 9.③ 10.④

단원평가
- 147쪽: 1.①이치 ②도읍 도 2.① 3.② 4.① 5.④ 6.① 7.② 8.③ 9.② 10.①

기본한자 색인

5-1단계

착한 선비와 불량 선비
공주님의 생일잔치

한자	음	훈	쪽수
可	가	옳을	15
改	개	고칠	47
客	객	손님	69
經	경	경서	73
告	고	알릴	27
固	고	굳을	72
觀	관	볼	26
求	구	구할	54
貴	귀	귀할	12
極	극	다할	43
根	근	뿌리	33
能	능	능할	55
談	담	말씀	19
島	도	섬	41
度	도, 탁	법도, 헤아릴	68
得	득	얻을	59
等	등	등급	30
樂	악, 락, 요	노래, 즐거울, 좋을	19
良	량(양)	좋을	58
怒	로(노)	성낼	45
滿	만	가득할	31
賣	매	팔	57
買	매	살	57
半	반	반	41
報	보	갚을	29
富	부	부유할	27
悲	비	슬플	54
比	비	견줄	68
貧	빈	가난할	29
常	상	항상	13

한자	음	훈	쪽수
善	선	착할	13
性	성	성품	12
姓	성	성	16
洗	세	씻을	17
數	수	셀	30
收	수	거둘	71
失	실	잃을	31
完	완	완전할	61
往	왕	갈	44
浴	욕	목욕할	69
友	우	벗	47
益	익	더할	44
財	재	재물	43
絶	절	끊을	58
製	제	지을	59
造	조	지을	61
竹	죽	대나무	33
質	질	바탕	73
察	찰	살필	26
創	창	시작할	72
快	쾌	상쾌할	55
統	통	거느릴	75
便	편, 변	편할, 똥오줌	15
閉	폐	닫을	40
限	한	한정할	16
韓	한	나라	40
呼	호	부를	71
患	환	근심	17
效	효	효험	75
喜	희	기쁠	45

5-2단계

참회의 눈물
뒤늦은 효자

한자	음	훈	쪽수
建	건	세울	129
景	경	경치	86
考	고	상고할	114
苦	고	괴로울	127
故	고	옛, 연고	143
課	과	과할, 부서	101
科	과	과정	128
禁	금	금할	97
基	기	터	82
起	기	일어날	145
達	달	이를	117
都	도	도읍	139
讀	독, 두	읽을, 구절	87
落	락(낙)	떨어질	142
論	론(논)	논의할	103
陸	륙(육)	뭍	139
每	매	매양	83
勉	면	힘쓸	145
物	물	만물	129
發	발	필	128
病	병	병들	125
保	보	보전할	111
步	보	걸음	115
私	사	사사로울	127
使	사	부릴	131
寺	사	절	124
算	산	셈할	141
序	서	차례	100
設	설	세울	115
誠	성	정성	82

한자	음	훈	쪽수
素	소	바탕, 흴	89
宿	숙	잘	99
順	순	순할	100
視	시	볼	96
藥	약	약	113
然	연	그러할	85
葉	엽	잎	142
永	영	길	143
屋	옥	집	117
議	의	의논할	101
醫	의	의원	125
移	이	옮길	141
者	자	놈, 사람	131
昨	작	어제	110
章	장	글	89
再	재	다시	114
適	적	맞을	87
題	제	제목	99
調	조	고를	110
存	존	있을	111
注	주	물댈	113
指	지	가리킬	96
止	지	그칠	97
此	차	이	138
取	취	취할	103
齒	치	이	138
害	해	해로울	85
畫	화	그림	124
訓	훈	가르칠	83
興	흥	일어날	86

반의어(反意語) / 상대어(相對語)
뜻이 반대(상대)되는 한자

善(착할 선) ↔ 惡(악할 악)　　貧(가난할 빈) ↔ 富(부유할 부)
主(주인 주) ↔ 客(손님 객)　　昨(어제 작) ↔ 今(이제 금)
公(공 공) ↔ 私(사사로울 사)　通(통할 통) ↔ 禁(금할 금)

동의어(同意語)
뜻이 같은 한자

談(말씀 담) — 話(말할 화)　　報(갚을, 알릴 보) — 告(알릴 고)
良(좋을 량) — 好(좋을 호)　　家(집 가) — 屋(집 옥)
發(필 발) — 展(펼 전)　　　　基(터 기) — 本(근본 본)
議(의논할 의) — 論(논의할 론)　地(땅 지) — 陸(육지 륙, 육)

동음이의어(同音異義語)
음이 같고 뜻이 다른 한자

可(옳을 가) — 家(집 가)　　　半(반 반) — 反(돌이킬 반)
悲(슬플 비) — 比(견줄 비)　　性(성품 성) — 姓(성 성)
收(거둘 수) — 數(셀 수)　　　課(과할 과) — 科(과정 과)
過(지날 과) — 果(열매 과)　　勉(힘쓸 면) — 面(낯 면)
使(부릴 사) — 私(사사로울 사)　寺(절 사) — 史(역사 사)
陸(육지 륙, 육) — 肉(고기 육)　害(해로울 해) — 解(풀 해)
告(알릴 고) — 固(굳을 고) — 古(옛 고)
苦(괴로울 고) — 考(상고할 고) — 故(옛 고)
步(걸음 보) — 保(보전할 보) — 報(갚을 보)
議(의논할 의) — 醫(의원 의) — 衣(옷 의)
止(그칠 지) — 指(가르킬 지) — 志(뜻 지)

사자성어(四字成語)

可東可西(가동가서) : 可(옳을 가) 東(동녘 동) 可(옳을 가) 西(서녘 서)
　　　　　　　동쪽이라도 좋고 서쪽이라도 좋다. 이러나 저러나 상관없다.

結草報恩(결초보은) : 結(맺을 결) 草(풀 초) 報(갚을 보) 恩(은혜 은)
　　　　　　　한 번 은혜를 입으면 죽어서라도 은혜를 잊지 않고 갚는다는 뜻

多多益善(다다익선) : 多(많을 다) 多(많을 다) 益(더할 익) 善(좋을 선)
　　　　　　　많으면 많을수록 더욱 좋음.

不勞所得(불로소득) : 不(아닐 불) 勞(일할 로) 所(곳 소) 得(얻을 득)
　　　　　　　생산적인 노동에 직접 참여하지 않고 얻는 소득. 이자·지대 따위.

不問可知(불문가지) : 不(아닐 불) 問(물을 문) 可(옳을 가) 知(알 지)
　　　　　　　어떤 일의 상황을 물어보지 않아도 짐작할 수 있을 때 쓰이는 말

有備無患(유비무환) : 有(있을 유) 備(갖출 비) 無(없을 무) 患(근심 환)
　　　　　　　준비가 있으면 근심할 것이 없음.

自信滿滿(자신만만) : 自(자기 자, 스스로 자, 부터 자) 信(믿을 신) 滿(찰 만)
　　　　　　　'자기 몸에 가득 참'으로, 어떤 일에 자신 있음을 말할 때 쓰는 말

同苦同樂(동고동락) : 同(같을 동) 苦(괴로울 고) 同(함께 동) 樂(즐거울 락)
　　　　　　　여럿이 고생과 기쁨을 함께 나눈다는 뜻으로 쓰이는 말

水落石出(수락석출) : 水(물 수) 落(떨어질 락) 石(돌 석) 出(날 출)
　　　　　　　물이 빠지니 돌이 드러남. 진실이 드러남.

竹馬故友(죽마고우) : 竹(대나무 죽) 馬(말 마) 故(연고, 옛 고) 友(벗 우)
　　　　　　　어렸을 때 친하게 지내던 오랜 친구라는 뜻으로 쓰이는 말

5-1단계 기본한자 판별지

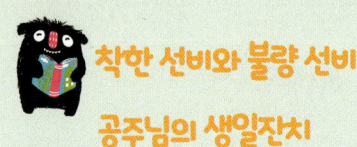
착한 선비와 불량 선비
공주님의 생일잔치

자	훈(뜻)	음(소리)	字	訓	音	자	훈(뜻)	음(소리)	字	訓	音
觀	볼	관	貧	가난할	빈	益	더할	익	比	견줄	비
察	살필	찰	富	부유할	부	呼	부를	호	常	항상	상
等	등급	등	貴	귀할	귀	客	손님	객	姓	성	성
數	셀	수	友	벗	우	效	효험	효	洗	씻을	세
韓	나라이름	한	改	고칠	개	能	능할	능	往	갈	왕
半	반	반	善	착할	선	可	옳을	가	浴	목욕할	욕
島	섬	도	極	다할	극	經	경서	경	財	재물	재
喜	기쁠	희	限	한정할	한	固	굳을	고	絶	끊을	절
怒	성낼	로(노)	得	얻을	득	求	구할	구	竹	대나무	죽
賣	팔	매	失	잃을	실	談	말씀	담	質	바탕	질
買	살	매	報	갚을	보	度	법도, 헤아릴	도, 탁	創	시작할	창
製	지을	제	告	알릴	고	樂	노래, 즐거울, 좋을	악, 락, 요	統	거느릴	통
造	지을	조	完	완전할	완	良	좋을	량(양)	便	편할, 똥오줌	편, 변
根	뿌리	근	快	상쾌할	쾌	滿	가득할	만	閉	닫을	폐
性	성품	성	收	거둘	수	悲	슬플	비	患	근심	환

學校 _____ 學年 _____ 班 ___ 姓名 _____

참회의 눈물
뒤늦은 효자

자	훈(뜻)	음(소리)	字	訓	音	자	훈(뜻)	음(소리)	字	訓	音
順	순할	순	設	세울	설	景	경치	경	誠	정성	성
序	차례	서	取	취할	취	故	옛, 연고	고	素	바탕, 흴	소
議	의논할	의	調	조사할	조	苦	괴로울	고	然	그러할	연
論	논의할	론(논)	訓	가르칠	훈	科	과정	과	永	길	영
保	보전할	보	讀	읽을, 구절	독,두	課	과할, 부서	과	屋	집	옥
存	있을	존	發	필	발	基	터	기	移	옮길	이
再	다시	재	起	일어날	기	達	이를	달	昨	어제	작
考	상고할	고	病	병들	병	都	도읍	도	章	글	장
建	세울	건	者	놈, 사람	자	陸	뭍	륙(육)	適	맞을	적
物	만물	물	注	물댈	주	每	매양	매	指	가리킬	지
落	떨어질	락(낙)	視	볼	시	勉	힘쓸	면	此	이	차
葉	잎	엽	宿	잘	숙	步	걸음	보	齒	이	치
禁	금할	금	題	제목	제	使	부릴	사	害	해로울	해
止	그칠	지	醫	의원	의	寺	절	사	畫	그림,그을	화,획
私	사사로울	사	藥	약	약	算	셈할	산	興	일어날	흥

집필진	양혜순* (전 서울상지초등학교)	양복실 (전 서울상신초등학교)

* 표시는 집필 책임자임

심의진	경기도교육청 인정도서심의회 위원	
	이종미* (샘모루초등학교)	오성철 (서울교육대학교)
	이경호 (고려대학교)	김진희 (함현초등학교)
	이용승 (성사초등학교)	이호석 (임진초등학교)
	이소영 (안산원곡초등학교)	최하나 (정왕고등학교)

* 표시는 인정도서심의회 심사위원장임

감수진	고상렬 (전 교문초등학교)	김득영 (전 능길초등학교)
	임재범 (영광여자고등학교)	신용배 (전 장파초등학교)

편집 디자인	VISUALOGUE

삽화	이문정, 수아, 이수정, 유희준

교육부의 위임을 받아 경기도교육청에서 2021년 인정·승인을 하였음.

초등학교 생각의 나이테 초등한자 5단계

초판 발행	2021. 3. 1.
5쇄 발행	2025. 1. 2.
지은이	양혜순 외 1인
발행인	글샘교육(주) 경기도 광명시 일직로 43, A동 2104호(일직동, GIDC)
인쇄인	주)타라티피에스 경기도 파주시 상지석길 245 (상지석동, (주)타라)

이 교과서의 본문 용지는 우수 재활용 제품 인증을 받은 재활용 종이를 사용했습니다.
교과서에 대한 문의사항이나 의견이 있는 분은 교육부와 한국교과서연구재단이 운영하는 교과서민원바로처리센터
(전화: 1566-8572, 웹사이트: http://www.textbook114.com 또는 http://www.교과서114.com)에 문의하여 주시기 바랍니다.

이 도서에 게재된 저작물에 대한 보상금은 문화체육관광부장관이 정하는 기준에 따라
사단법인 한국복제전송저작권협회(02-2608-2800, www.korra.kr)에서 저작재산권자에게 지급합니다.

내용관련문의 : 한자교육평가원 (경기도 광명시 일직로 43, A동 2104호(일직동, GIDC))
개별구입문의 : 홈페이지 주소 www.gsedu.co.kr 02-549-1155 한자교육평가원